엄마의

브랜드

KB245185

Vol. 1

일러두기

¶ 인터뷰 본문에는 실제 녹취한 내용을 그대로 사용하지 않고, 말의 순서나 일부 표현 등을 편집·윤색했습니다. 이는 인터뷰를 통해 전달하려는 메시지를 보다 명확히 하고 대화가 글로 표현될 때 오해가 없도록 하기 위함이며, 인터뷰이의 최종 확인을 받았습니다.

¶ 두 번째 챕터인 '나와 너, 우리를 기른 엄마들'의 60대 엄마 둘과 나눈 이야기는 실제 '엄마와 딸'의 관계에서 이뤄진 인터뷰라 엄마들의 답변 형태를 반말체로 살렸습니다.

엄마의

브랜드

Vol. 1

글 권진아

사진 안형우

생각의 뜰채

차례

2 나와 너, 우리를 기른 엄마들

Special interview ; 60대 엄마 둘,

에필로그 302

30대 아빠로서 《엄마의 브랜드》 1권을 만든 스감은?

내가 만난 엄마들, 앞으로 만나고 싶은 엄마들

"그래요 그래, 대견해 이뻐요."

참으로 신통방통한 이야기 속 엄마들의 손등을 가만히 쓰다듬어 주고 싶습니다. 아니 펑펑 눈이라도 올 것 같은 날 뜨끈한 설렁탕 국물에 시큼한 깍두기 한 사발 놓고 "많이 먹어요. 더 먹어." 부드러운 고기라도 얹어 주고 싶습니다.

'엄마의 브랜드'로 살아내고 살아가고 있는 그녀들의 삶의 이야기는 화려하고 빛나지 않아서 목울대가 뜨겁습니다. 눈부십니다. 오래전 태고의 엄마 또 그 엄마의 엄마가 그랬듯 그렇게 젊은 엄마들은 생명을 낳고 생명을 보듬으며 키우고 있습니다. 여전히 일과 가정 양립은 어렵고 고단하기만 합니다. 아이를 낳고 키워 본 사람들은 압니다. 수시로 아프기도 하고 밤새 열로 칭얼대는 아이를 안고서 자다 깨면서 몇 날 며칠을 뜬눈으로 밤을 지새워 봤을 터, 그렇게 수백 수천 번 말을 건네고 재우고 씻기고 안고 울고 웃으며 아이도 자라고 엄마도 자랐습니다.

이 책은 지금 아이를 키우는 젊은 엄마들에게는 공감할 수 있는 멋진 동지를 만나는 기쁨을 갖게 될 것입니다. 또 이미 아이를 키운 엄마들에게는 지나온 나의 이야기를 만나듯 친구처럼 반가울 것입니다. 그리고 무엇보다도 특별히 두 분의 선배 엄마를 모신 인터뷰는 이 책의 정수입니다. '나와 너, 우리를 기른 엄마들' 이야기, 마치 각자의 엄마와 따신 아랫목에서 무릎을 맞대고 앉아 조근조근 이야기를 듣는 진정한 동지애를 느끼게 될 것입니다.

시리즈 인터뷰집《엄마의 브랜드 vol.1》원주의 엄마 이야기는 곧 강원도를 넘어 대한민국 이 시대 엄마들의 이야기입니다. '지극히 개인적인 것'이라고 했지만 모두의 일상이고 삶이 온전히 녹아 있습니다. 이 책을 시작으로 다양한 삶을 사는 수없이 많은 엄마들의 이야기를 만나는 일이 계속될 것이라니 반갑습니다. 앞으로 계속 만나게 될 무궁무진한 우리 여성들의 인생과 일 이야기가 더더욱 기대되는 까닭입니다.

- 고창영 시인 · 한국여성수련원 원장

경험치로 볼 때, 엄마가 되는 일은 어렵지 않으나, 좋은 엄마가 되는 것은 세상에서 가장 어려운 일 중의 하나이다. 더욱이 일하는 여성이 아이들에게 부족하지 않은 엄마 되기란 묘경을 터득하는 일만큼이나 힘들다. 이 책은 여성에게 '일'이란 어떤 의미이고 어떻게 좋은 엄마가 되는가, 에 대한 답을 담았다. '일'과 '엄마'라는 두 직분을 병행하며 자신을 브랜드화한 여성들의 이야기 속에 '엄마'가 되어 달라진 부분과 또 엄마여서 달라질 수밖에 없는 일 사이의 결락을 메우는 방법이 있다.

주인공들의 공간이 강원도 원주, 한 곳으로 한정되어 있다는 점에서 특수하다. 이들은 경제적 상황이나 삶의 여건에 따라 귀향하거나 이주하였으며, 이곳에서 자신이 가장 잘할 수 있는 직무를 브랜드화했다. 인생 초반에 이주를 결정한 3040 세대의 주체적인 엄마들과 이곳에서 노후를 맞이하는 60대 엄마들의 삶의 이야기라는 점도 특수하다.

누구에게나 정체성을 잃지 않고 사는 일이 중요하다. 삶의 여건에 맞추고 주어진 공간 안에서 커뮤니티를 형성하고 나와 타인의 삶에 집중하는 일이 잘 어우러질 때, 이들처럼 세상에 당당히 어깨를 겯게 될 것이다.

- 최광임 시인 · 두원공대 겸임교수

프롤로그

엄마가 되고, 서울에서 원주로

2015년 9월 7일, 나는 한 아이의 엄마가 되었다.

연애와 결혼을 꿈꿨던 적은 많지만 엄마가 되는 꿈을 꿔본 적은 거의 없었다. 한 인간을 책임지고 기르는 일이 절대 쉽지 않음을, 나의 엄마가 그랬고, 친구의 엄마도 별반 다르지 않았다는 것을 알기 때문이었다. 그런 나에게 아이가 찾아왔고 37주 2일 동안 내 뱃속에 품었던 생명을 우렁찬 울음소리와 함께 마주했다.

이제 막 세상을 나온 아이도 모든 게 처음이지만, 나도 신랑도 엄마 아빠가 처음이었다. 아이를 먹이고, 재우고, 씻기고, 말을 건네고, 안고, 함께 울고 웃으면서 아이가 커 가는 시간만큼 나도 엄마의 시간을 쌓았다.

아이가 태어난 지 195일이 됐던 2016년 3월, 우리는 서울에서의 생활을 정리하고 비빌 언덕을 찾아 고향인 원주로 이주했다. 서울에서 원주로 거주지를 옮긴다는 게 말처럼 쉬운 일은 아니었다. 더군다나 우리에겐 아이가 있었고 둘 중 한 명은 안정적인 월급을 벌어야했으니까. 그럼에도 서울이 아닌 원주에서의 삶을 살고자 하는 나의 의지는 변하지 않았다. 당시 우리가 살던 신혼 전셋집의 집값 폭등과 2년마다 집을 이사 다녀야 하는 상황보다 30평대 아파트를 살 수 있는 원주에서의 삶이 아이에게도 우리에게도 더 나은 환경임이 분명하다고 느껴졌기 때문이다. 남편도 나의 의견에 동의했고, 남편의 직종과 맞는 직장도 원주에서 구할 수 있었으며, 우리 여건에 맞는 집도 얻을 수 있었다. 이사를 결정하고 이사가 이뤄지기까지 모든 과정은 꽤 순조로웠다.

그렇게 마치 오래전부터 이날이 예정돼 있던 것처럼 우리는 서울에서 원주로 이사를 오게 됐고, 7년이 지난 지금까지 여전히, 원주에 살고 있다. 첫 돌이 되기 전 원주로 이사 온 아이는 초등학교 1학년생이 되었다. 우리가 계속 원주에 살고 있다 해서 7년 동안 이주에 대한 나의 선택을 후회한 적이 없었던 것은 아니다. 대체로 만족했지만 때때로 답답했고 아직 이곳에 있지만 새로운 곳으로 이사 가고 싶은 생각도 있다. 그것은 서울에 살든, 지방에 살든, 타국에 살든, 고향에 살든 모두가 한 번쯤 드는 마음일 것이다. 보편적으로 인간은 가보지 않은 길에 대한 환상과 갈망이 있기 때문에.

원주로 온 나는 엄마로 살며, 나의 일도 하는 일상을 보내게 되었다. 15년째 읽고 쓰고 듣고 말하는 일을 하면서 나는 이 모든 일이 다 '문학'이라는 큰 틀에서 직조되고 있다 생각했다. 그런데 아이 엄마로, 원주에 살게 되면서는 계속 해오던 일의 맥락도 어딘가 미묘하게 다른 지점을 마주하게 됐다. 내가 변했기 때문인 건지, 사회의 현상인 건지 적확하게 얘기하기 어렵지만 분명 이전과는 달라진 결이 분명히 느껴졌다.

여성에게 '일'이란 어떤 의미인지, 엄마가 되면 그것이 달라지는 게 비단 나의 문제만은 아니란 생각에 자꾸 질문을 던졌고, 그 질문에 답해줄 만한 엄마들을 찾아 나섰다. 그 여정의 시작으로 기획하게 된 시리즈 인터뷰집이 《엄마의 브랜드》이다.

로컬, 일, 여성을 키워드로 한 시리즈 인터뷰집

'엄마'라는 단어와 '브랜드'라는 단어를 묶어 책으로까지 낸 이유는 지극히 개인적인 데서 출발했으나, 보편적이고 지속적으로 할 수 있는 이야기라는 확신이 들었다. 2022년 한국 사회에서 여전히 '엄마'라는 이름의 '여성'은 '브랜드'로 점철되는 '일, 직업'의 영역에서 그다지 자유롭지 못하다. 직장을 다니는 여성이든 프리랜서든 자영업자든 '임신과 출산, 육아'라는 현실을 마주하게 되면 '일, 직업, 꿈'은 일단 뒤로 후퇴하기 마련이다. 나 역시 '엄마'가 되면서 경력에 공백기가 생겼고, 서울에서 원주로 이사를 하고 '생각의뜰채'를 창업한 현재까지 커리어 여정을 다시 밟아오게 되었다.

누군가는 '엄마'가 되고 전업주부의 삶을 자신의 고귀한 업으로 삼고 자족하며 산다. 또 누군가는 '엄마'가 되고 혼자서 아이를 길러내느라 분투하기도 한다. 나는 이 세상의 모든 '엄마'들이 각자의 사정과 가치와 환경으로 인해 저마다의 고유한 일상을 매일 성실히 살아간다고 생각한다. 이 명징한 사실이 '엄마'라는 이름으로 묶인 '여성'들의 고유한 정체성이자 삶인 '브랜드'라고 말하고 싶어 책 제목을 《엄마의 브랜드》로 정했다.

따라서 이 책의 제목을 놓고 남성과는 배제되는 여성들'만'의 이야기로 비춰지는 것을 경계한다. 우리가 태어날 때 성별, 국적, 시기를 정하고 태어날 수 없는 것처럼 운명처럼 나게 주어진, 또 나와 만나게 된 고유한 '이름'을 소개하고 싶었을 뿐이다. 우리 모두에겐 '엄마'가 존재하고, '이름'이 있다는 그 기초적인 사실을 어쩌면 제목에 담고 싶었던 것일지도 모르겠다.

앞서 말한 대로 《엄마의 브랜드》는 시리즈 인터뷰집으로 기획되었으며, 첫 번째는 '지금, 여기에서 내가, 만난 엄마들'이라는 챕터로 현재 내가 살고 있는 지역인 강원도 원주에서 자신만의 브랜드를 갖고 일하는 3040 세대 엄마들을 인터뷰이로 정했다. 엄마가 되는 시기는 다양하지만 보편적으로 30~40대가 육아의 정점을 담당하고 있고, 같은 지역이라는 공통된 틀 안에서 다양한 직무, 아이의 연령대에 따라 일의 맥락이 어떻게 구성되는지 파악하고자 했다.

다른 한편으로는 육아로 인한 경력 공백기를 겪는 엄마들에게 이들의 서사가 작게나마 도움이 되길 바랐으며, 원주에서 자신만의 일을 하는 엄마들이 서로의 존재를 한 권의 책으로 만남으로써 유·무형에 상관없이 에너지를 주고받을 수 있다고 보았다. 원주에 이렇게 멋진 엄마, 여성들이 존재했기에 내가 그들을 만날 수 있었다.

두 번째 챕터인 '나와 너, 우리를 기른 엄마들'에는 실제 나의 '엄마'인 친정엄마와 시어머니의 인터뷰를 실었다. 스페셜 인터뷰이로 두 명의 엄마를 선택한 이유는 앞으로 내가 만나고 싶은 엄마들이기도 하거니와 지금 여기에서 내가 만난 엄마들에게 필요한 이야기를 전해줄 수 있는 선배 엄마들이기 때문이었다. 나와 내동생을 낳고 기른 친정엄마는 30년간 자영업자로 두 딸을 길렀고, 나의 신랑과 그의 형을 낳고 기른 시어머니는 30년간 국어교사로 두 아들을 길렀다. 강원도 원주라는 공통된 배경에서 비슷한 시간을 살면서 두 명의 엄마는 서로 다른 삶의 길을 걸었고, 자녀들의 결혼으로 한 가족이 되었다. 기꺼이 자신들의 삶을 나눠준 두 명의 엄마 덕분에 의미 있는 챕터가 채워졌다.

다음 시리즈는 어떤 《엄마의 브랜드》가 될지 모르겠으나, 제한을 두지 않고 가능한 많은 '엄마'들의 '브랜드'를 만나고 싶다. '엄마'라는 고유명사와 '브랜드'가 주는 단어의 의미가 어떻게 표현되고 어떻게 읽히느냐에 따라 함의가 다양해진다는 것을 스스로 증명해보이고 싶다. 내 안에 질문이 계속 솟아나길 바라는 마음으로, 첫 번째 시리즈 인터뷰집의 이야기를 공개한다.

1

지금,
여기에서 내가,
만난 엄마들

2022년, 원주에 살며
브랜드를 운영하는
3040 엄마들 8인과 1팀

01.

보본

설인혜

인스타그램

@seoltamin

브랜드 키워드

#패션 #뷰티 #라이프스타일 #미시

#SNS #자체제작 #프리오더

#긴플루언서

자녀

1녀(2020년생)

SNS 플랫폼이 보편화되고 다양해지면서 이를 통한 상거래도 매우 활발해졌다. 개인이 브랜드가 되어 패션, 뷰티, 음식, 책, 강연 등 가지각색의 상품을 사고 파는 게 낯설지 않은 시대. 이러한 변화 중심에는 소위 말하는 '인플루언서'들이 있다. '인플루언서'라는 본래 뜻은 '영향력을 행사하는 사람'이지만 SNS에서 수만 명 이상의 팔로워를 통해 대중에게 영향력을 끼치는 이들을 지칭하는 말로 사용된다.

브랜드 '보본(BOBONNE)'을 운영하는 설인혜도 SNS 상에서는 인플루언서 '설타민'으로 통한다. 그가 현재 주로 사용하는 SNS 플랫폼은 인스타그램. 4.7만 명의 팔로워가 설인혜의 일상과 자체 제작하여 판매하는 상품 등을 구독하고 있다. 인스타그램은 지금의 설인혜에게 일상과 취향을 공유하는 소통 창구이자 판매하는 상품을 홍보하는 중요한 채널인 셈이다.

설인혜는 인스타그램 이전에도 20대 초반부터 온라인 플랫폼을 기반으로 자신의 일상을 타인과 공유하는 일을 꾸준히 해왔다. 싸이월드, 네이버 블로그, 카카오스토리 모두 그가 사용해온 플랫폼들이다. 동시대를 살아온 사람들 중 다수가 사용했을 익숙한 플랫폼들은 설인혜에게도 일상적인 온라인 채널에 불과했다. 그런데 한 가지 다른 특징은 설인혜의 일상에는 타인의 호기심과 관심이 크게 자리 잡고 있었다는 것. 타인의 시선이 불편했을 법도 한데 설인혜는 소탈한 성격답게 솔직하고 친절한 태도로 사람들의 질문에 답을 하는 사람이었다. 그러한 일상이 차곡차곡 쌓여 지금의 '보본(BOBONNE)'을 만드는 밑바탕이 된 것이다. 더 큰 기본 바탕에는 '어릴 때부터 좋아하던 분야'가 '패션과 뷰티'였다는 사실이 깔려 있었겠지만 말이다.

학창시절부터 현재까지 원주에 줄곧 살고 있는 토박이인 설인혜는 170cm의 큰 키에 하얀 피부, 뚜렷한 이목구비를 가졌다. 어릴 때부터 외적으로 눈에 띄던 학생이었고 패션에도 남다른 감각이 있었다. 실제 설인혜는 20대 때 자신이 운영하는 의류쇼핑몰의 모델이면서 타사 브랜드의 뷰티 모델로도 활동했다. 네트워크 마케팅 사업가로도 큰 성과를 거뒀고, 카페를 운영하기도 했다. 그러한 개인적 경험은 시대의 변화와 시간의 흐름에 따라 내용이 바뀌었을 뿐 단절되지 않고 그대로 이어져 생활 속에 녹아 들었다. 그것이 현재 결혼을 하고 아이를 낳은 30대 후반의 엄마로서 설인혜가 인스타그램 계정이자 닉네임인 '설타민'으로도, '보본(BOBONNE)'의 대표로도 불리는 이유다.

'보본(BOBONNE)'은 프랑스어로 '아줌마'라는 뜻이다. 직관적으로 주 고객층이 '결혼한 주부'임을 알 수 있다. 슬로건의 의미로는 'reborn'이라는 메시지를 담아 결혼과 임신, 출산을 겪은 주부들이 본연의 아름다움을 발견할 수 있기를 바라는 마음을 표현했다. 설인혜는 자신이 평소 입는 옷, 신발 등을 자체 제작하여 프리오더 방식으로 판매하고 있다. 활동하기 편하면서도 세탁 후에도 변형되지 않는 소재, 심플하면서도 다양하게 매치할 수 있는 컬러 등을 고심해서 매 시즌 팬츠와 스커트, 신발 등을 제작하고 있다. 효자 상품으로 불릴 만한 '고무고무 팬츠'와 '고무고무 스커트'는 여름과 겨울, 매년 고객들이 믿고 구매하는 상품이다. 필자도 보본에서 만든 팬츠와 신발을 몇 해째 계절이 바뀔 때마다 자주 입고 즐겨 신고 있다.

온라인상에서 보는 작은 화면 하나로 그 사람에 대해 얼마나 안다 말할 수 있을까 싶으면서도 실로 그 하나의 창이 주는 영향력은 대단하다는 걸 느낀다. 설인혜가 아이와 함께하는 일상, 친구들을 만나 즐기는 음료나 음식, 가는 장소, 여행지 등을 있는 그대로 보여주는 만큼 보본이라는 브랜드를 사용하는 고객층이 두터워질수록 SNS 활동이 때때로 부담감으로 작용할 수 있을 것이다. 자신의 삶을 누군가에게 공개할 때는 그만큼 책임감과 부담감이 더해지는 법이니까. 누구보다 SNS의 명암을 잘 알고 있는 설인혜에게 인플루언서 사업가로 살아가는 이야기, 이에 대한 장점과 단점에 대해 묻고 들었다.

타고난 멋쟁이, 예쁜 거 좋아하던 딸

저희 또래 중 원주에서 '설인혜' 하면 어릴 때부터 '예쁘고 옷 잘 입는 애'로 유명했잖아요. 언제부터 외모에 관심이 있었어요?

어릴 때부터 예쁘고 멋 부리는 거 좋아했죠. 초등학생 때 기억 남는 일 중 하나가 엄마랑 서점에 갔는데 사고 싶은 책을 고르라 해서 고른 게 《멋내기 Q》라는 책이었어요. 아동들을 위한 패션 코디 책이었는데 이모가 저희 집에 와서 그 책을 읽는 저를 보고 놀랐던 기억이 나요. 책도 그런 책을 고를 정도로 흥미가 꾸미는 데 있던 거죠.

언니가 있어서 더 그랬던 것도 있을까요? 몇 살 차이죠?

언니가 저보다 네 살 많아요. 제가 초등학교 4학년 때 언니는 중학교 2학년이었으니, 아무래도 언니 영향이 컸죠.

지금도 언니랑 서로 일이나 생활에서 영향 주고받는 모습 보기 좋아요. 제 기억으로 어머니도 꽤 멋쟁이셨으니 지금 하는 일에 있어 어릴 때부터 기반이 되었겠네요. 20대 때는 의류 쇼핑몰도 운영했었는데 어떻게 좋아하는 분야를 일로 연결했던 건가요?

대학생 때 타임, 마인, 시스템 등의 의류 브랜드를 운영하는 ㈜한섬에 인턴으로 나간 적이 있어요. 그때 인턴 하는 친구들 대부분은 의류 디자이너가 꿈이었는데 짧은 인턴 기간 동안 배우는 일은 가장 기본적이면서도 사소한 일이거든요. 디자인을 배울 거라고 생각하고 갔던 대학생들은 허탈해지는 일들이었죠. 지금 생각하면 당연히 그게 디자이너의 현실인데 그땐 어린 마음에 대다수가 질려서 못 버티고 금세 꿈을 포기하는 경우도 많았어요. 저도 현직 디자이너 분들 눈치도 보고 힘든 일도 있었죠. 특히 엄마가 엄해서 인턴 기간 동안 매일 원주에서 서울까지 출퇴근을 했었던 게 무척 피곤한 일이기도 했고요. 그런데도 저는 그 경험이 너무 좋았어요. 고된 생활이었지만 힘든 것보단 행복했던 거죠. 그래서 의류 쪽에 더 푹 빠진 거 같아요. 그 회사에 디자이너로 취직하고 싶었지만 취업이 쉽지 않았기에 제 브랜드를 운영해보자 한 거고요.

그때 운영했던 의류쇼핑몰이 '뷰티풀몬스터'였죠? 저도 가끔 옷 샀었는데…(웃음) 젊을 때의 열정, 패기라고만 하기에 덜컥 쇼핑몰 대표가 되는 게 쉽진 않았을 텐데요.

그렇죠. 오히려 지금 와서 그때처럼 하라고 하면 못 할 거 같은데 그땐 겁이 없었어요. 그리고 제 성향이기도 한데요. 그동안 하다가 안 되면 그때 가서 다른 일을 찾으면 된다는 생각으로 내 일을 해왔어요. 해도 후회, 안 해도 후회라면 해보고 후회하는 게 낫지 않을까요?

동감해요. 저도 이왕이면 해보자는 쪽이거든요. 10대부터 30대 후반인 지금까지 원주를 떠난 적이 없는 거로 아는데 사업하면서 수도권 쪽으로 이주하고 싶었던 적 없어요?

20대 때는 있었죠. 그런데 엄마가 무서운 편이고 엄격하게 독립에 대해 반대하셨기 때문에 따를 수밖에 없었어요. 엄마가 그렇게 엄하게 안 했으면 지금 더 제가 잘됐을 거 같단 생각을 할 때도 있어요. (웃음) 젊을 때 서울에 가서 제 꿈을 펼칠 수 있도록 해주셨다면 더 좋지 않았을까 하는 약간의 아쉬움이죠. 그땐 차도 없었기 때문에 대중교통 이용하면서 서울로 물건 하러 다니느라 힘들었고요. 지금은 도로 사정이 나아지고 제 차도 있으니 원주에서 서울 오가는 데 크게 어려움은 없어요.

나를 닮은 브랜드

그렇군요. 보본(BOBONNE)의 이름 뜻이 프랑스어로 '아줌마'를 뜻하잖아요. 인혜 씨가 결혼하고 만든 브랜드인 만큼 고객층을 겨냥해서 만든 이름이라는 생각도 드네요.

맞아요. 뷰티풀몬스터 때도 그렇고 보본도 그렇고 제가 하고 있는 사업은 제가 기준이에요. 과거에는 제가 화려하고 튀는 옷 스타일을 좋아해서 판매하는 상품도 그런 위주였어요. 그래서 매출이 높은 편은 아니었지만 적성에 맞고 좋아하는 일을 하는 것 자체에 만족했죠. 지금은 나이가 들고 아이를 낳은 엄마가 됐으니 안목도 바뀌고 취향도 바뀌었죠. 보본이라는 이름을 지으면서도 일차원적으로 미시들이 주 고객층이니 그들이 좋아할 제품을 만들어 판매하는 게 목표였어요.

저도 미시라 그런지 보본 옷이 꽤 편하고 좋더라고요. 하의 같은 경우 밴딩인데 허리랑 뱃살 부분을 탄탄하게 받쳐주고 조여주면서도 움직임이 전혀 불편하진 않아 신기했어요. 계절별로 자체 제작하는 상품들이 정해져 있으면서 그와 매치할 수 있는 다양한 아이템이 주기적으로 소개되는 것 같은데 보본이 지향하는 바는 무엇인가요?

입으면 편한데 싸거나 촌스러워 보이지 않는 옷을 추구해요. 한 문장으로 정의하기 어렵지만 집에서 육아를 하다가 급하게 밖에 나갈 일이 생겼을 때 굳이 옷을 갈아입지 않아도 되도록, 호텔에 갔을 때 아이랑 놀다가 라운지에 나가도 부끄럽지 않을 스타일을 고집하는 편이에요. 그러려면 트렌드를 섞어야 하니까 디자인 단계에서 모티브로 참고하는 건 명품 브랜드이죠. 소재도 좋은 걸 고르려 애쓰고요. 1mm의 길이 차이에서도 옷의 느낌이 세련되거나 이상하게 보일 수 있거든요. 고객들이 굳이 그런 부분을 알아주지 않더라도 저는 그런 디테일에도 집착해서 만들고 있어요.

옷이나 신발 제작에 대한 전문 영역은 모르더라도 구매한 사람들은 보본이 지향하는 스타일이 무엇인지 확실히 알 거라 생각해요. 일상에서도 외출할 때도 자주 찾게 되는 아이템이니까요.

감사하죠. 어떤 고객 분은 저희 옷을 입고 출근했다가 바로 요가 하러 가셨다면서 요가 하는 사진을 직접 보내주기도 하셨어요. (웃음)

주로 자체 제작한 의류를 판매하지만 그 외 육아용품이나 라이프 스타일 관련 제품도 판매하고 있잖아요. 전에는 화장품도 판매했었고요. 상품과 운영방식에 대해 좀 더 이야기해주세요.

의류 쪽은 자체 제작이 80%고 20%는 코디 상품을 판매하고 있어요. 화장품은 제가 촉촉한 피부 표현을 즐겨 하다 보니 그에 대한 구매욕구가 있는 고객들을 위해 만들어 판매했었는데요, 지금은 재정비 중에 있어요. 운영방식은 선 주문, 후 제작 판매 방식인 프리오더로 운영하고 있는데 재고 관리나 리스크를 줄이기 위한 요즘 마켓 트렌드이기도 해요. 리빙, 육아 관련 제품은 결혼하고 아이 낳고 자연스레 제가 사용하는 품목이 늘어나면서 고객 분들의 니즈와 상품의 가치에 따라 거래처를 확보하기도 하죠. 요즘 인플루언서를 통한 판매가 늘어나니까 제안이 들어오기도 하는데 저는 제가 직접 써보고 진짜 괜찮다고 생각하는 제품, 그중에서도 저희 브랜드와 색깔이 맞는 제품만 판매해요. 다른 것들은 추천하는 것으로 그치죠.

보본 홈페이지는 있지만 인스타그램을 통해 접속하는 구조잖아요. 인플루언서기도 하고요. 사람을 상대하는 서비스업 특성상 명암이 있을 수밖에 없을 텐데요. 어떤 점이 어려워요?

SNS에 피드 올리는 것 자체가 조심스럽죠. 개인 인스타그램이지만 사업을 운영하고 있는 채널이기 때문에 말실수를 하면 안 되고 행동도 신경 써야 하죠. 편하게 할 순 없어요. 자유롭지 못하고 행동에 제약이 따르지만 이런 부분은 제가 선택한 거니 어쩔 수 없다고 생각해요. 그리고 요즘 유명한 인플루언서들이 너무 많기 때문에 저는 그렇게까지 유명하다고 생각하진 않아요. 더 유명해지고 싶다거나 팔로워를 늘려야 하는 데 연연하는 편도 아니고요. 파트너사들은 라이브방송을 하면 더 유명해질 수 있으니 해보라고 권하는데 지금 인스타그램 관리하는 것만으로도 피로감을 느낄 때가 있거든요. 내면적으론 어떤 일을 할 때 완벽주의 성향이 있어서 스스로 자신 있지 않으면 시도하지 않는 편이고요. 소화할 수 있는 만큼 편하고 행복하게 유지하는 걸 추구해요. 여기서 더 일을 벌이면 아이한테 소홀해지는 부분이 생길 거고요. 유튜브 채널도 운영하고 싶고 라이브 커머스가 트렌드라 하니 해보고 싶은 욕구도 있죠. 라이브 커머스의 경우 서울로 다니면서 배우곤 있어요. 사업을 하고 있으니 사회 변화에 따라 저도 채워야 하는 건 필요하잖아요.

메인 모델도 인혜 씨니까 보본은 곧 설인혜라는 인식이 지속될 수밖에 없는 것 같아요. 앞으로 브랜드를 운영하는 데 있어 현재 구조를 언제까지 이어갈 것인가에 대한 고민도 할 것 같은데 어때요?

그런 고민 하죠. 생각도 많고요. 보본은 브랜드이자 회사니까요. 더 성장하려면 제가 메인에 있기보다는 대표로서 뒤로 물러나 있어야 하는 것도 필요한데 아직까진 고객 분들이 제가 입은 옷, 바르는 화장품 등 저의 일상에 관심을 더 많이 갖고 계시니까 현재 구조를 유지할 수밖에 없기도 해요. 반면 요즘엔 SNS 상에 워낙 살림도 잘하고 예쁜 분들도 많기 때문에 저는 나이가 들어가니 보본이 브랜드로써 단단해지는 데 제 에너지를 좀 더 쏟아야겠단 생각도 들어요. 아이가 커가면서 제가 일에 쏟을 수 있는 시간도 좀 더 주어졌고 일에 있어서는 안주하기보다 성장하는 데 욕심이 있으니까요.

엄마가 되고 생긴 변화

그런 고민은 자연스러운 과정인 것 같아요. 지금 아이 키우면서 일하는 시간이 고정적이죠? 하루 일과가 궁금해요.

아이가 일어남과 동시에 제 하루도 시작되죠. 아이 아침 챙겨주고 어린이집에 보내면서 바로 출근해요. 신상 옷이 있으면 촬영하러 가고, 서울에 가서 거래처 미팅을 하기도 하고요. 촬영과 미팅, 샘플 고르는 일 등의 업무를 하고 아이가 집에 오는 시간에 맞춰 퇴근해요. 그리고 아이가 잠드는 밤까지는 육아에 집중하고 그 뒤에 낮에 못했던 잔업이나 제 시간을 갖죠. 동대문 거래처들은 밤에 문을 열기 때문에 주문 전화를 그때 넣어야 하고요. 신랑은 제가 핸드폰 보고 있으면 딴짓하는 줄 아는데 SNS 활동이 제게는 일의 영역이에요.

커리어에 있어 엄마가 되기 전과 후의 변화도 클 거 같은데

개인적인 변화는 어떤 것들이 있어요?

득과 실이 있죠. 일단 실은 몸이 많이 쇠약해지고 에너지를 전보다 많이 써야 하니 금세 피곤해지는 거죠. 기억력도 전보다 떨어지는 것 같고 약속 시간도 원래는 칼같이 지키는 편인데 육아하면서는 피치 못할 사정으로 지각하게 되는 경우도 생기고요. 일 특성상 트렌드에 뒤처지면 안 되니까 요즘 인기 있는 콘텐츠들도 봐야 하고 SNS로 고객과의 소통하는 것도 중요한데 그런 일들은 아이가 잔 후에 할 수 있으니 시간이 부족하죠. 반면 득은 아이를 낳고 사업의 범위, 범주가 확 넓어졌다는 거예요. 육아라는 공통분모로 고객들과 공감대를 형성하게 된 것도 무척 긍정

적인 변화고요. 제가 아이를 늦게 낳다 보니 그전에는 아무리 노력해도 공감이 잘 안 됐던 부분들이 이젠 자연스럽게 이뤄지는 게 좋아요.

코로나19 초기에는 사업에도 영향이 꽤 있었죠? 어떻게 돌파했나요?

아무래도 주 타깃이 주부들이고 의류를 판매하다 보니 그때 많이 힘들었죠. 의식주 중에 가장 중요하지 않은 건 옷이었으니까요. 재택근무에 사적 모임 제한도 있었으니 의류 판매가 이뤄질 리 없었죠. 정부 지원도 온라인 사업자들에겐 박했던 거 같아요. 코로나19로 온라인 사업이 더 잘된 부분을 강조하면서 저 같은 사람에겐 정부 지원 혜택이 하나도 없었거든요. 그래도 그땐 제가 어차피 임신하고 출산할 시기였으니 쉬어가라는 뜻이구나 하고 육아에 더 집중했죠. 지금은 사업도 복구가 되고 안정화가 됐고요.

다행이에요. 결혼하고 아이 낳기까지 긴 시간 기다렸던 아이인 만큼 아이에 대한 애착이 더 강할 수도 있는데 일하는 엄마로서 어떤 가치관을 갖고 있나요?

평일 저녁이나 주말은 아이에게 오롯이 집중하고 올인 하는 스타일이에요. 가끔 신랑이 아이를 부모님께 맡기고 부부만의 시간을 갖자고 해도 저는 평소 일하는 엄마기 때문에 업무 외 시간에는 아이와 함께하는 시간에 최선을 다해요. 엄마라면 다들 그러겠지만 아이에게 좀 더 마음을 많이 쏟는 거죠. 제 성향이 집에만 있는 걸 좋아하는 편도 아니고 제 일도 소중하기 때문에 육아에만 전념할 순 없으니 아이와 있을 때는 아이에게 충성하는 거예요. 어떻게 하면 아이가 좋아할까 고민하고요. 아이를 어렵게 가져서 그런지 임신이나 산후 우울증은 한 번도 없었어요.

아이에게 어떤 엄마로 불리고 싶어요?

멋있고 자랑스러운 엄마요.

그런 엄마가 되기 위해 보본의 대표로서 향후 계획은 무엇인가요?

아직은 보본이라는 이름보다 인스타그램에서 설타민이라는 사람이 운영하는 숍이라는 인식이 더 강하잖아요. 욕심이긴 하지만 제가 계속해서 이 일을 할 거고 보본이라는 브랜드를 가져갈 거기 때문에 좀 더 브랜드 자체로써 인식될 수 있게 노력하려 해요.

베트남식 진한 꿀과나의

인생쌀국수

－리한

인생쌀국수

감선유

인스타그램

@pho_insaeng

브랜드 키워드

#쌀국수 #잭팟타이 #맛집

#1인쉐프 #베트남요리 #로컬식당

자녀

1녀(2009년생)

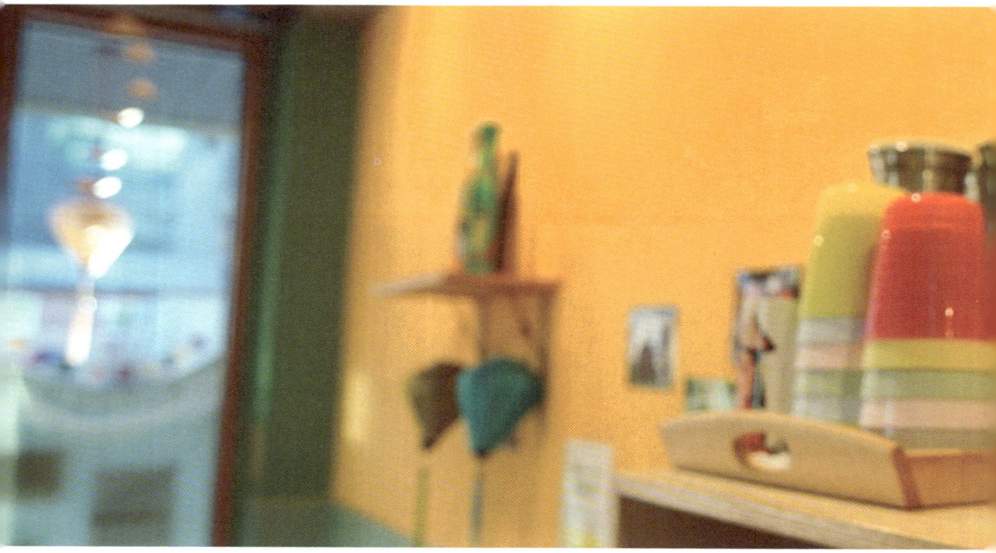

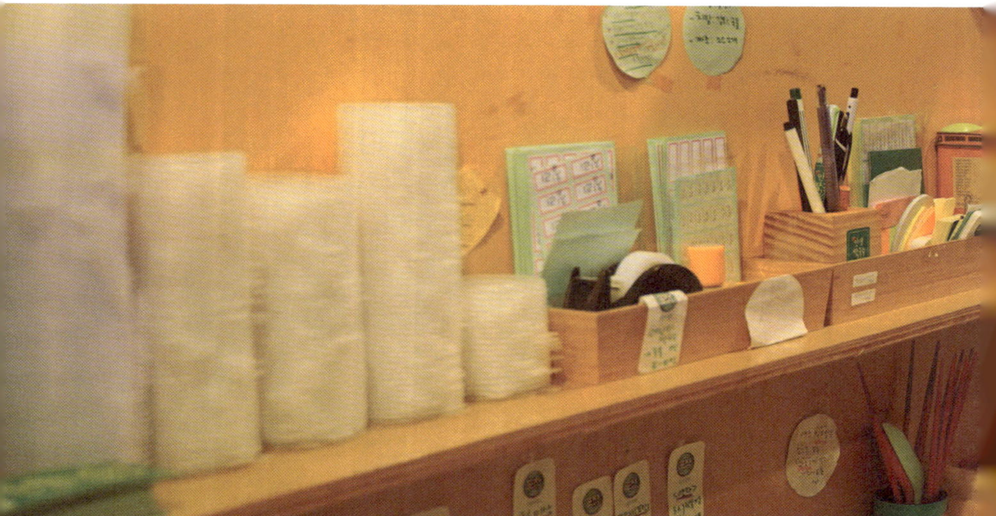

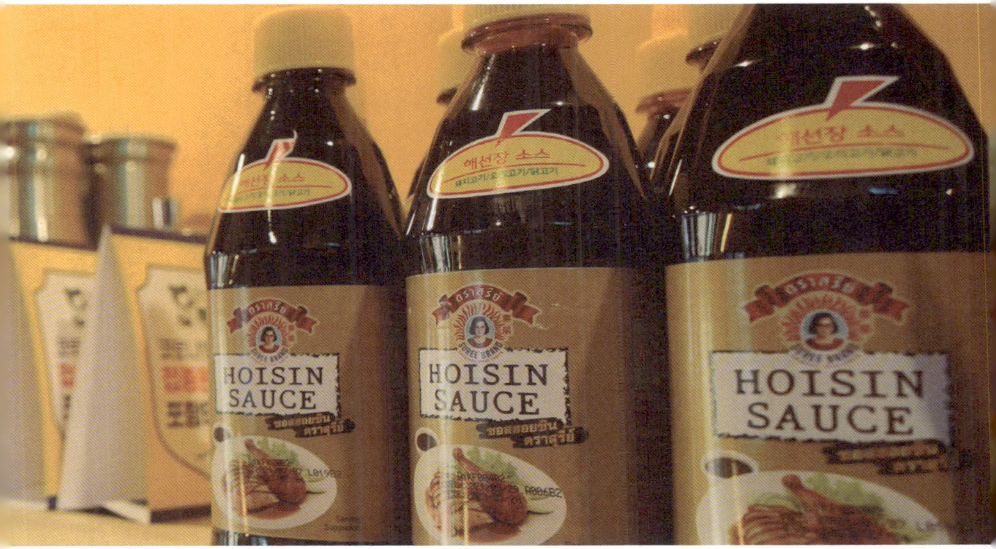
해선장 소스
HOISIN SAUCE
해선장 소스
HOISIN SAUCE
해선장 소스
HOISIN SAUCE

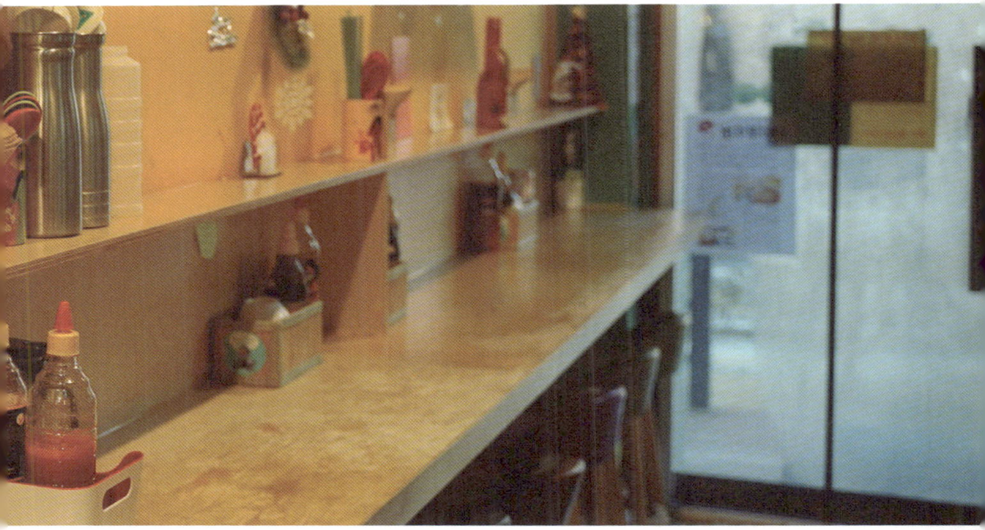

3년 전 원주 기업도시 내에 '인생쌀국수'가 생겼다는 소식을 들었을 때 프랜차이즈 베트남 음식점이 아니란 사실, 식당 이름 한 번 잘 지었다는 생각에 아이를 데리고 바로 찾아가 쌀국수 한 그릇을 시켜 먹었었다. 아이에게 면과 건더기, 국물을 나눠주고 국물 맛을 먼저 봤다. 진한 국물 맛에 절로 감탄이 나와 눈을 크게 뜨고 아이에게도 입맛에 맞는지 살폈다. 아이는 엄지손가락을 치켜세우며 면발이 코에 닿도록 후루룩 맛있게 국수를 먹었다. 푸짐한 양에 아이랑 나눠먹기 괜찮겠지 했는데 다음부턴 무조건 두 그릇을 시킬 거라 다짐했다. 메뉴에 '어린이 쌀국수'가 있어서 다행이었다. 그날 이후로 '인생쌀국수'는 우리 가족의 단골 식당이 되었다. 차로 20분 넘게 걸리는 거리여도 흔쾌히 갈 만큼, 아이가 언제 또 가냐고 재촉할 만큼 3년째 변함없는 맛과 서비스를 제공해주는 곳.

음식의 맛은 모두의 얼굴이 다른 만큼 느끼는 감각도 달라서 쉽게 추천할 수 없는 분야다. 그래서 누군가의 추천을 기반으로 음식을 정하더라도 그것이 지극히 주관적인 평이라는 건 전제돼 있다. 그럼에도 자신 있게 원주에서 분야별로 추천하는 맛집이 몇 곳 있는데 '인생쌀국수'도 그중 하나다. 주관적인 입맛을 제외한 객관적인 사실이 추천자에게는 자신감을 불러일으키는 기준이 되기 때문인데, 이곳은 '매일 끓이는 육수로 정직하게 요리'를 한다. 그만큼 요리에 진심인 사람이 만드는 음식이라 모든 메뉴가 고르게 맛있다.

감선유는 전통조리과를 졸업한 뒤 20년간 요리 경력을 쌓은 전문가로서 2019년 4월 원주 기업도시에 쌀국수를 메인으로 하는 식당을 열었다. 한식, 중식, 양식 등 많은 음식 중 왜 쌀국수를 선택했냐는 질문에 그는 "친숙한 음식이고, 길을 지나는 돈 없는 행인에게도 한 그릇 먹고 가라고 할 수 있는 음식이기 때문"이라 답했다. 판매하는 입장이 아닌 주는 입장을 생각하다니 예상하지 못한 답변이었다. 그래선지 계절 상관없이 남녀노소 누구나 함께할 수 있는 식당으로 배달이든 방문이든 편하게 자주 이용할 수 있는 기업도시 주민들이 부러울 때가 있다.

세 자매의 맏딸로서 최근까지 동생들과 의기투합해서 식당을 운영했을 만큼 리더십도 인정도 많은 감선유에게는 그림을 잘 그리는 예쁜 딸이 하나 있다. 혼자 요리를 하는 곳이라 좁고 긴 통로형 구조에 테이블 수도 많지 않지만 매장 곳곳에는 딸이 그린 인생쌀국수 로고와 그림이 자리 잡고 있어 훈훈함을 자아낸다. 근처에 살고 있는 조카에게는 친구들을 데리고 놀러올 정도로 요리 솜씨 좋은 자랑스러운 이모이기도 하다. 자신이 오랫동안 좋아하고 잘하는 일을 하더라도 가족들의 사랑과 도움 없이는 외롭고 고달픈 게 '일'이지 않을까.

한결같은 맛을 지키는 정성과 태도, 요리사로서의 정직함과 자존심, 여성 요리사로서 자신의 이름을 걸고 식당을 운영하기까지 겪어온 희로애락, 코로나19 이후 바뀐 식당 운영의 장단을 다 알 수 없지만 주고받은 이야기에서 어렴풋하게나마 알 수 있었다. 그녀가 보이는 것 이상 그 깊은 내면에 '요리'

와 '운영', '삶'에 대해 고뇌하며 일상을 채워가고 있다는 것을. 그곳에 가서 가족들과 음식을 먹었던 개인적 경험에 그녀와 나눈 이야기가 더해지자 '인생쌀국수'란 브랜드명에 대한 느낌이 사뭇 달라졌다. 그녀의 쌀국수를 맛본 사람들에게 '인생쌀국수'로 불리길 바라는 마음으로 지어진 이름인 줄로만 알았는데 그곳 자체가 감선유의 인생을 담은 쌀국수를 만드는 곳이란 생각이 들었기 때문이다.

요리와 함께한 인생

요리사에겐 다른 음식을 먹는 것도 꽤 중요하잖아요. 혼자서
다니고 드시는 것도 잘하시나요?

마트에 뭐 사러 갔다가 근처에 보리밥 잘하는 데가 있으면
바로 가서 먹고 올 정도로 혼자 밥 잘 먹고 잘 다녀요. 예전
부터 여행도 혼자 하는 걸 좋아했고요. 사람 만나서 어울
리는 것도 좋지만 혼자 하는 것도 좋아요. 전에 배낭여행
을 친구와 갔었는데 먹고 싶은 것 때문에 싸우는 거예요.
(웃음) 저는 혼자 가도 이것도 먹고 싶고 저것도 먹고 싶으
니 2인분씩 시키거든요. 혼자 여행 가서 그렇게 먹으니 세
상 행복하더라고요. 먹는 걸 되게 중요하게 생각해서 다른
데는 돈을 안 쓰는 편이에요. 옷이나 머리 하는 데 잘 안 쓰
고 먹는 거에 쓰는 편이죠.

이해돼요. 다른 곳 여행하고 먹는 게 공부이기도 할 테고요.

그게 공부죠. 다른 사람들이 어떻게 만드는지 먹어봐야 하고요. 쌀국수도 우리 것만 먹으면 안 돼요. 지난 여름휴가 때도 짧은 기간에 일부러 다른 곳들 찾아보고 베트남 현지인이 하시는 곳, 인기 있는 곳들 가봤어요.

먹을 때는 행복하지만 남이 먹는 음식을 만들 때는 어렵기도 하잖아요. 요리사로 20년 넘게 일하고 계신데 어때요?

요리사가 즐겁고 긍정적이어야 음식도 잘 나와요. 그런데 다 사람과 관계 속에 일하는 거니 쉽지 않죠. 아무래도 식당을 운영하는 입장에선 스트레스도 받고 스스로 화가 날 때도 많고요. 어디나 사람과의 관계에서 어려움이 오는 거기 때문에 나를 인정해주는 사람은 나밖에 없다는 생각이 힘이 될 때가 있어요.

요즘 일하는 방식도 과거랑 많이 달라졌잖아요. 다른 곳에서 일했을 때랑 지금 식당을 운영할 때랑 비교해서 어떤 점이 가장 힘든가요?

제가 주방에서 일 배울 때만 해도 무섭게 소리 지르고 혼내가며 가르치는 선배가 대부분이었거든요? 마음에 들게 했을 때나 격려할 때 스킨십도 자연스러웠고요. 그런데 지금은 그렇게 배우고 가르치는 관계가 없죠. 일을 정말 못하는 사람이 와도 내색하면 안 되니 그런 부분이 가장 힘들어요. 일하는 스타일이 잘 맞으면 음식도 더 잘 나오고 손님도 편하게 드시고 가실 수 있잖아요.

그렇죠. 그동안 베트남 음식뿐 아니라 다양한 음식을 많이 경험하셨는데 왜 쌀국수를 메인으로 정하셨어요?

가게를 차린다면 국숫집을 하고 싶었는데 정말 희한하게 그렇게 됐네요. (웃음) 사실 국수 한 그릇은 친숙한 음식이잖아요. 그리고 길을 지나는 돈 없는 행인에게도 한 그릇 먹고 가라고 할 수 있고요. 제가 스테이크를 팔면 편하게 들어와서 스테이크 먹고 가라고 할 수 없겠죠.

정(情)이 많으시네요.

그런 게 제일 중요한 것 같아요. 그게 음식이고요. 정(情)이 있고 소울이 있어야죠. 음식이 너무 비싸기만 하면 안 되는 거 같아요. 예전에는 음식도 서로 다 나눠 먹고 그랬잖아요. 연말에도 그런 게 익숙했는데 그런 문화가 점점 없어지고 있어요. 정말 되게 소중한 건데…. 코로나19 이후로 더 안타까운 부분도 크죠.

요리사와 운영자의 마음

원래 세 자매 모두 서울에 사셨잖아요. 그런데 어떻게 원주
로 오시게 된 거예요?

둘째 제부가 영월에 있는 직장으로 옮기게 되면서 동생
이 제천에서 몇 년 살다 원주로 이사 왔는데 어느날 동생
네 집에 구경 갔더니 너무 좋은 거예요. 그때 제가 서울에
서 가게를 알아보고 있었지만 마땅한 곳을 못 찾고 있었거
든요. 그러다 지금 이 자
리를 보게 됐는데 괜찮
다 생각해서 원주로 오
게 됐죠. 그때만 해도 주
변에 가게가 별로 없고
막 상권이 생길 때였는
데 지금은 만족하고 있
어요.

그러게요, 벌써 3년 전이니 기업
도시가 막 생길 때 식당 여신 거잖
아요. 그때랑 비교하면 지금은 어
떤가요?

처음에는 확실히 겨울에 손님이 많고 여름엔 뜸했어요. 격차가 심했죠. 그런데 시간이 지나니까 여름에도 에어컨 바람 맞으면서 뜨거운 쌀국수 드시는 손님들이 늘면서 안정화가 됐어요. 단골도 많이 생겼고요. 저희가 할 수 있는 만큼만 손님들도 오시면 좋죠. 너무 많이 와도 못 받으니까요. 일할 사람도 없고요. 그래서 할 수 있는 선에서 최선을 다하고 있어요.

동생 두 분도 함께 일을 도맡아서 하셨는데 지금은 각자 사정으로 혼자 운영하고 있어 어려움이 있겠어요.

그렇죠. 요즘 가뜩이나 사람 구하기 힘든데 저 혼자 운영하려니 버겁죠. 동생들은 원래 다른 일을 했었는데 저 때문에 도와줬던 거니 미안하기도 했고요. 언니로서 잘해주는 것도 없는데 또 동생들이 필요하니 마음이 그래요. 막내 동생은 특히 오픈 초기부터 작년 말까지 매일 같이 일하다 서울로 이사 가니 빈자리가 크더라고요. 안에서 음식만 할 땐 행복하고 즐거웠는데 그 외 운영에 대한 일도 다 이젠 제가 혼자 해야 하니 머리가 터질 것 같죠. (웃음)

식당 하는 운영자로서 인스타그램이나 블로그, SNS에 대해선 어떻게 생각하세요?

저는 사실 싸이월드 세대(?)라 인스타그램이나 블로그를 따로 하진 않아요. 광고 위주인 것 같고 혼자 식당 운영하는 것도 바쁘기 때문에 정말 중요한 음식에 집중하는 거죠. 혹 광고를 보고 왔는데 음식이 별로일 수 있잖아요. 제가 가 봐도 그런 집들도 꽤 있어요. 같은 장사하는 사람으로서 어떻게 장사하는 건지 신기할 정도로요. 다 맛있을 순 없지만 기본은 해야 한다 생각해요.

음식 외에 식당 운영에 있어 중요하게 생각하는 것들은 무엇인가요?

위생이요. 먹는 것이니까 음식도 깔끔하게 내보내야 손님들도 더 맛있게 드실 수 있는 거고요. 식당 환경도 깨끗해야죠. 음식 값이 싸더라도 위생이 신뢰 가지 않으면 찝찝하더라고요. 그리고 3년 동안 가게를 하면서 주로 가족 단위로 손님들이 오시다 보니 아이들이 금세 커 가는 모습을 보는 게 정말 신기하고 반가워요. 처음엔 아기 의자에 앉아 먹던 아이가 제 발로 걸어오고, 각자 자기 자리에 앉는 모습 보는 게 너무 행복한 거죠. 식당 하는 사람의 장점이고 뿌듯함이고 흐뭇함인 거 같아요. 음식 맛있다고 해주시는 손님들의 평도 좋지만 손님들의 아이들이 크는 모습을 보는 게 너무 예쁘고 좋아요. 그런 오가는 정을 아는데 어떻게 정성으로 음식을 만들지 않을 수 있겠어요. 재료 값

이 올랐다고 바로 음식 값을 올리는 건 아닌 거 같아요.

엄마로서 함께하는 삶

딸이 한 명이라 엄마로서 식당 운영하면서 챙겨주는 것에도
마음 쓰이는 부분이 있을 텐데 어떻게 조절하고 있나요?

아이 때문에 제가 최근 저녁 장사 시간을 줄였어요. 원래
저녁 8시까지 주문 받던 것을 6시까지 받으니 손님들은
당황하셨죠. 그런데 제가 생각해보니 엄마 장사한다고 아
이가 너무 치이는 거예요. 아직 어린데 혼자 밥 먹는 거 쓸
쓸하잖아요. 그래서 저녁은 집에 가서 아이랑 함께 먹으려
고 영업시간을 줄였어요. 아이와 함께 식사하는 시간을 챙
기는 게 되게 중요한 것 같아요. 그 시간에 대한 건 돈으로
환산할 수 없는 가치이고요. 저녁 장사 시간을 단축하면서
브레이크 타임을 없앴더니 쉴 틈은 없지만 오히려 저도 더
좋더라고요. 그전에는 밤에 마감하그 가면 저녁식사도 늦
게 하게 되고 너무 피곤했거든요. 쉬는 날엔 맛집으로 외
식하러 다니고 있어요.

큰 결정하셨네요. 딸도 엄마가 일찍 와서 함끼 식사하니 더
좋겠어요. 가게에 놓여 있는 그림들이 딸이 그린 거죠? 그림

그리는 걸 좋아하나 봐요.

네, 그림 그리는 걸 좋아해요. 저기 액자에 있는 그림도 아이가 그린 거고, 인생쌀국수 로고도 딸이 그린 그림으로 만든 거예요.

사장님도 그림 그리는 거 좋아하는 딸이었나요?

네, 저는 만화 잘 그렸어요. 저희 엄마가 미용사를 하셨고 제가 요리를 하고 있는 걸 보면 저희 가족이 손재주는 좀 있는 것 같아요. 저희 아이가 그림 그리는 걸 좋아하니 그쪽으로 자기 할 일하면 좋겠죠. 미술을 하려면 한자리에 오래 앉아 있는 게 중요하다던데 저희 아이도 잘 앉아 있는 편이라 하더라고요.

딸이 그린 그림을 보면 엄마가 요리사라는 것에, 또 엄마 가게에 애정이 많은 것 같아요.

엄마가 쌀국수 집을 한다는 것에 되게 뿌듯해하더라고요. 같은 반 친구들이 인생쌀국수 맛있다고 하면 저희 애가 우리 엄마가 하는 가게라고 얘기하면서 함께 데리고 오고 그래요. 엄마가 요리사라는 것을 좋아하더라고요. 그렇다고 집에서 맛있는 걸 많이 해주는 것도 아닌데 하나를 해주더

라도 좀 더 특별하게 느끼는 것 같고요. 저희 조카도 친구들이 여기가 동네 맛집이라고 했다고 말하길래 친구들 데리고 오랬더니 데리고 오더라고요. 그런 모습이 순수하고 아이들의 생각을 알게 되니 좋아요.

외동딸이고 이제 막 사춘기에 접어들어서 달라진 점도 있죠?

사촌동생이 근처에 사니까 자주 어울려 다니는 편이고, 또래 친구들과도 함께 다니면서 떡볶이 사먹고 아기자기한 거 좋아해요. 요즘 아이가 관심 있어 하는 것에 대해 서로 이야기 나누면 엄마가 공감해주는 걸 느껴선지 굉장히 좋아하는 것 같고요. 엄마가 나이도 많고 일하느라 바빠도 자기 자신에게 관심을 늘 갖는다는 걸 느끼는 거죠. 저도 그런 딸을 보면서 옛날 생각도 나고요.

엄마의 역할과 대표의 역할 모두를 수행하는 게 쉽진 않을
텐데 어떻게 느끼세요? 그리고 딸에게 어떤 엄마로, 손님들
에겐 어떤 요리사로 인식되고 싶은지, 앞으로의 바람도 듣고
싶어요.

둘 다 형평성을 맞추기는 어렵죠. 그래도 한쪽으로 치우치
지 않도록 밸런스를 조절하고 있어요. 딸에게는 친구처럼
편한 엄마이고 싶고 잔소리 하는 꼰대가 되지 않도록 노력
해요. 손님들께는 항상 똑같이 음식이 제공되도록 진심을
다해서 요리하고요. 저 스스로의 마음가짐이 항상 즐거울
수 있도록 하는 일 열심히 해야겠죠.

빨간지붕

장정남

인스타그램

@jjang225_

브랜드 키워드

#민박 #카페 #귀촌 #시골숙소

#신림면 #성황림 #자연 #나무

#여행 #가족 #우드체험

#산골놀이터 #쉼 #느린삶

자녀

1남(2011년생), 1녀(2013년생)

도시에서의 생활이 피로감으로 누적될 때 '쉼'을 찾아 조용한 곳으로 떠나고 싶은 마음은 대체로 공감되는 마음일 것이다. 그러나 잠시 동안의 여행이 아니라 도시에서의 생활을 아예 뒤로하고 자연과 가까운 곳으로 삶의 터전을 옮기는 것은 갈망이 아닌 현실이기 때문에 말처럼 쉬운 일이 아니다. 더군다나 혼자가 아니라 함께하는 가족이 있다면 생각해야 할 것도, 서로의 의견을 합의하는 과정도 만만치 않을 것. 그럼에도 불구하고, 결국 '선택'은 한순간이다. 용기 내 선택하고 결정하지 않으면 현실로 이뤄지지 않으니까.

빨간지붕의 장정남 부부에게도 그런 고민의 시간과 용기를 내 선택하는 과정이 있었고, 2016년 도시에서의 생활을 정리하고 원주 신림면 시골로 삶의 터전을 옮기게 되었다. 당시 남편이 회사 일로 번아웃을 겪은 데다 남편의 오랜 꿈이 귀촌이었다는 것이 계기가 되었고, 6살과 4살의 미취학이었던 어린 남매에게 자연을 실컷 누리게 해주고 싶은 부모의 바람도 컸다.

이들이 귀촌한 원주 신림면 성황림마을의 '빨간지붕'은 이름 그대로 빨간 지붕으로 지어진 너른 마당이 있는 시골집이다. '빨간지붕'은 장정남 가족이 사는 집이자 부부의 일터이기도 하다. 같은 이름으로 장정남 부부는 시골 민박

과 카페, 목공체험 등을 운영하고 있다. '만델링룸'으로도 불리는 빨간지붕 가족이 사는 집은 실내가 복층 구조로 2층에는 방 2개와 다락방, 1층에는 거실, 주방, 화장실, 방 2개가 있다. 총 8명이 와서 묵어도 넉넉한 크기다. 집의 왼편에는 2층짜리 벽돌 조적식 건물이 있는데 1층은 카페로, 2층은 넓은 원룸의 '예가체프룸' 민박으로 운영 중이다. 집 앞 마당은 강아지, 고양이들의 생활 터전이자 손님들을 위한 목공 체험장, 바비큐, 야외식당, 쉼터, 정원이 된다. 장정남 가족이 7년째 생활하면서 얼마나 많은 애정과 정성으로 이곳을 가꿨는지 한눈에 알 수 있다.

집 앞 마당과 담 하나 사이로 보이는 곳은 원주으 자랑, 천연기념물 숲인 '성황림'이다. 1년에 두 번 성황제가 열리는 날을 제외하곤 출입이 금지되는 곳. 신(神)들의 숲이라 불리는 신비스런 그곳을 장정남 가족은 매일 앞뜰처럼 누리는 셈이다. 때문에 이곳에서는 맑은 숲의 공기, 동물들의 소리를 벗 삼으며 자연이 하루하루 바뀌는 것을 오롯이 감각할 수 있다.

어느덧 초등학교 5학년, 3학년이 된 준순이와 지유는 흙이 피부에 닿는 걸 싫어하던 도시 아이들에서 장화를 신고 비가 오는 날이든 눈이 오는 날이든 아랑곳 않고 씩씩하게 흙길을 걷는 시골 아이들로 자랐다. 시골 마을이라 어르신들은 많지만 친구가 적어 심심하거나 무료해지는 이 남매의 일상은 대신 부모님과 오순도순 대화하는 따뜻한 온정으로 채웠다. 또 도시에서 오는 민박 손님들 중 또래아이들과 스스럼없이 친해지는 넉살 좋은 아이들이 되었다.

부모들의 공통된 마음은 자녀에게 삶의 소중한 가치를 주고 싶다는 것이다. 그 가치가 어떤 것인지 저마다 다르겠지만 장정남 부부는 자녀에게 자연이 주는 가치를 선물해주고 싶었고, 용기 내 귀촌을 했으며, 고맙게도 아이들이 그 가치를 깨달으며 자라가고 있다. 그래서 언제까지일지는 모르겠으나 당분간 계속 신림면 빨간지붕에서의 삶을 지속한다는 장정남에게서 도시생활을 뒤로하고 시골생활을 선택한 마음과 생각, 일터이자 삶터인 이곳에서의 생활에 대한 여러 모양의 이야기를 나눴다.

교육학을 전공한 도시 엄마의 첫 귀촌 도전

아이들이 미취학일 때 이곳으로 오신 거죠? 당시 남편 분이 시골 살이에 대한 욕구가 더 컸던 거로 아는데 아내 입장에 선 결정하기까지 어땠어요?

아이들이 6살, 4살 때인 2016년에 이곳으로 왔어요. 저는 도시가 익숙한 사람이었는데 당시 신랑이 회사에서 정말 바빴거든요. 일주일 내내 집에 못 들어온 적도 많았으니까요. 시골 생활을 해보지도 않은 사람이 시골에 와서 살고 싶다고 얘기했을 때는 엄청 원하는 거라 생각했어요. 그런 신랑을 말리면 이 사람이 평생 못 이룬 꿈처럼 갖고 살 수 도 있겠다 싶어서 일단 한 번 시골 생활을 해보기로 마음 먹었던 거 같아요. 한계점을 두진 않았고요.

원주로 이사 오기 전엔 어떤 일을 하셨나요?

중고등학생 일반사회 교육 자격증이 있어서 한국법교육센터에서 학생들에게 생활 법을 어떻게 가르칠 건지 교육안을 짜고 학교나 기관에 가서 수업하는 일을 했었어요. 교육센터 일을 5년 정도 했고 이전에는 NGO 단체에서 지역 문화프로그램을 기획해서 사람들과 체험하게도 했고요. 제가 살던 인천이 당시는 문화의 불모지 같은 지역이었거든요. 그래서 지역문화축제를 만들고 체험 위주의 프로그램을 운영했었어요.

교육을 했던 입장에선 커리어에 대한 아쉬움이나 미련이 있었을 것 같아요.

있죠. 그런데 첫째 아이를 낳으면서 육아를 혼자 도맡아야 했어요. 신랑은 회사 일로 바빴고 부모님들도 도와줄 수 없는 상황이었거든요. 녹록지 않았지만 아이를 키우는 것 자체를 저의 업무라고 생각했던 거 같아요. 육아로 인해 저의 커리어가 중단됐다고 생각하지 않고 육아가 저의 업무이자 커리어라고 생각한 거죠. 주어진 업무를 잘해서 회사에서 인정받아야지 하는 마음으로 육아도 했던 거 같아요. 그러니 아이가 크면서 이런 생각도 하게 되었죠. 내 직업에서의 커리어는 중단되어도 삶에서의 커리어는 쌓아

가게 된 거잖아요. 내 삶에서 육아를 하고 가족과 시간을 보내면서 느낀 커리어들이 앞으로의 나의 삶에 더 좋은 자양분이 될 거라 생각했었어요.

자격증이 있으니 다시 교육현장으로 나가고 싶으면 도전할 수 있잖아요. 그런 의지가 있어요?

학교 수업을 나가면서 평생 직업으로 교육을 하며 살고 싶지는 않다는 생각이 들었어요. 교육은 아이들 각자의 개성이 잘 발현할 수 있도록 도와주는 과정이어야 하는데, 많은 아이들이 있는 공립학교의 교실은 표준화하는 과정이라는 생각을 많이 했던 것 같아요. 그래서 그 당시에는 내 아이를 낳게 되면 공립학교에 보내고 싶지 않다고 생각했었는데 지금은 둘 다 공립학교로 보내게 됐네요. (웃음)

그래도 신림면은 작은 학교라 다른 부분이 있을 것 같아요. 직접 보내보니까 어떤가요?

좀 더 낫죠. 작은 학교라 그런지 아이들끼리 서로 소통하는 것도 많고 친구가 많지 않으니 마음에 맞지 않는 친구가 있더라도 설득해서 함께 놀아야 하니 노력하는 부분도 있고요.

두 분은 부부가 함께하는 시간도 긴 편이잖아요. 하루 종일 같이 있을 때도 있는데 이전과 비교했을 때 함께 일하니 어떻게 다른가요?

서울에서 결혼하고 5년 정도 살았는데 회사 일이 바빴으니 각자 역할에 대해 충실히 해내는 서로의 모습만 봤었죠. 그런데 귀촌하고 나니 부부끼리 서로의 모습을 더 깊이 보게 됐어요. 처음에 한 2년 정도는 서로의 성향이 어떤지 파악하는 시간을 갖느라 자주 부딪히기도 했고요. 그런데 지금은 서로의 장단점에 대해 인정하고 합이 맞는 점을 찾으니 편해졌죠.

그래선지 해가 갈수록 더 좋고 편안해 보이기도 해요. 지금 저희 부부도 그래 보이지 않나요? (웃음) 아이들의 연령에 따라서 엄마의 일에도 우선순위가 달라지잖아요. 두 아이를 키우면서 어떤 변화가 있었나요?

저는 제가 교육학을 전공했기 때문에 아이들이 태어나고 몇 년 동안은 엄마와의 관계가 꽤 중요하다는 걸 알고 육아에 100% 집중했었어요. 이 과정에서 아이들과 애착관계가 잘 형성되지 못하고 불안 요소가 생기면 이어지는 인생에서도 계속 제가 아이들을 책임져야 할 수도 있단 생각이 있었기 때문에 아이들이 어릴 때는 육아에만 전념했고요. 이제 서서히 아이들이 학령기가 되면서 엄마 아빠가 하는 일에 대해서도 알게 되고, 제 얘기를 들어주면서 제 일이나 생활에 대해서도 존중받게 된 거죠. 앞으로 아이들이 더 커갈수록 제가 스스로의 일을 열심히 하고 있는 것 자체가 엄마로서의 역할을 다하고 있는 거라 생각해요. 잘 살아가는 모습을 보여주는 거니까요. 그래서 저에게 과제는 지금까지 잘해왔던 것을 앞으로도 잘해가는 것이라 생각해요. 그리고 내 인생에서도 아이들을 키우는 것에서 앞으로 저의 미래를 찾아가야 되는 과제가 남은 거죠.

아이 둘 키우는 엄마의 마음

제가 <엄마의 20년>이란 책에서도 '육아의 최종 목표가 자립'이라고 읽었는데요. 아이들을 키우면서 그 시기마다 보편적으로 보이는 특성들이 있는데 책이나 전문가들의 말을 통해선 인지하고 있지만, 아무래도 엄마들이 자기 아이를 키울 때는 시각이 좁아질 수밖에 없는 것 같아요.

내 아이가 지금 겪는 문제가 계속될 문제는 아니에요. 그 시기가 지나면 다음 과제가 생기기 때문에 그때그때 주어진 문제를 풀면 되죠. 또 아이들을 키우고 어느 시기가 되면 내가 평가를 받아요. 유아기 때 아이들을 키우고 나면 학교에 가잖아요. 초등학교에 입학하면 선생님이나 주변 사람들로부터 아이에 대한 평가가 와요. 성적표로 평가를 매기는 게 아니라 아이들이 어떤 성향이고, 학교생활을 어떻게 하는지에 대한 평가죠. 그런게 저는 이게 바로 저에 대한 평가처럼 느껴졌어요. 육아를 6~7년가량 하고 학교생활에 잘 적응하길 바라며 입학했는데 적응을 잘 못하는 부분이 생기면 내가 엄마로서 역할을 잘 못했나 하는 생각이 드는 거죠. 그런데 1학년 때 그런 기분을 겪다가 이젠 절충을 해요. '아, 육아 나 혼자 하는 게 아니지. 내가 이 정도 했으니까 이제 선생님, 친구들과 또 다른 사회생활이 시작되는구나. 그리고 그 사회생활을 아이가 잘할 수 있도록 나는 옆에서 조언해주자' 마음먹는 거죠. 내가 전적으로 책임졌던 시기에서 다른 사람에게 그 역할을 넘겨줘야 되는 시기인 거죠. 그것이 아이한테도 더 좋고요.

그렇죠. '한 아이를 기르는 데 마을이 필요하다'는 말도 있잖아요. 책임을 혼자 다할 수 없는 거죠.

사회에서 같이 하는 거예요. 부모로서도 아이들이 커가면서 좀 더 다양한 사람들을 만나게 해주고, 다양한 환경에 노출시켜주고 싶은 바람이 있죠.

아이들이 이제 5학년, 3학년이잖아요. 일이나 생활에 있어 요즘 드는 고민이 있나요?

아무래도 아이들이 초등학교 저학년에서 고학년에 접어드니 점점 더 손이 덜 가요. 일하는 엄마로서는 이제 다시 시작점에 선 기분이죠. 우리가 학교 다니면서 진로를 선택하는 것처럼 '이제 인생 중후반부에 접어드는 나는 뭘 하면 잘할 수 있을까' 고민하게 되는 거죠. 잘하고 싶은 마음이 있으니까요. 우리 아이들을 잘 키우고 싶은 마음이니까 내가 잘해야 아이도 잘 큰다는 부담감이 있어요.

이곳이 삶터이자 일터인데, 어떤 브랜더로 불리고 싶어요?

시골에 온 뒤로 저는 줄곧 내가 이전에는 알지 못했던 삶을 계속 살고 있어요. 이곳에서의 삶을 앞으로도 계속 살아갈 것 같고요. 내가 사회에서 어떤 위치에 있는가도 확인하고 싶은 욕구가 있잖아요. 그런데 저는 저희 집에 오는 손님들을 통해 사회를 보고 그 사회적인 요구를 내가 반영해서 생산하고 제공하는 구조를 갖고 싶은 바람이 있어요. 그렇다고 손님들과 대화를 하면서 어떤 필요나 요구가 있는지 확인하는 건 아니지만 지속적으로 찾아오는 손님들을 통해 그 사람들은 지금 어떻게 살아가고 있고, 이 사회가 어떻게 돌아가고 있

는지 느껴지거든요. 그런 간접적 경험을 통해 앞으로 나는 무엇을 생산해서 이곳에 오는 사람들과 어떻게 소통할 것인지 끊임없이 연구하는 거죠. 시골이라고 동떨어져 우리만 사는 집이 아니라 계속 도시와 연결돼서 하나의 생명체로 이곳을 꾸려가고 싶은 마음이 있어요.

좀 더 구체적으로 하고 싶은 계획이나 바람은요?

이런 삶을 기록하고 싶어요. 전에 진아 씨에게 얘기했던 거 같은데 제가 자연 속에서 아이들을 키우는 경험을 책으로 만들고 싶기도 하고, 앞으로 이 일을 계속할 거기 때문에 이 일에 대해서도 기록해서 다른 사람들과 공유하고 싶은 마음이 있어요. 저희가 여기 오기 전에는 서울 송파구에 살았어요. 그곳에는 유복하게 사는 아이들도 많았는데 5~6세 유치원 시기가 되면 영어유치원부터 태권도, 예체능 활동 등 뺑뺑이를 돌기 시작하더라고요. 아마 저희도 계속 그곳에 살았으면 그렇게 아이들을 키웠을 것 같아요. 그런데 이곳으로 이사 왔으니 그 경험을 못해봤잖아요. 아이들도요. 저는 여기에 와서 다른 방식으로 아이들을 키운 거예요. 자연 속에 풀어 놓고요. (웃음) 여기 와서 아이들을 키우니 공간이 확실히 넓어졌고, 내가 키우는 것의 비중과 자연이 키우는 것의 비중이 비례하면서 역할분담이 된 거 같기도 해요. 그런데 우리 집에 놀러오는 도시 친구들을 보면 자연과 친하게 지내는 방법을 잘 모르더라고요. 알아야 사랑하게 되는데 도시 아이들은 자연과 만나고 자연에서 노는 기회가 덜한 것 같아 그런 부분들을 좀 더 연구해보고 싶어요.

전공과도 관련이 있고, 잘하실 거예요. 전에 빨간지붕에서 민박 손님 자녀들이나 마을 친구들 대상으로 '산골놀이터'를 운영하시기도 했었잖아요.

맞아요. 제가 빨간지붕을 운영하면서 처음에는 '산골놀이터'를 했었는데요. 일이 너무 바쁘더라고요. 민박 청소도 해야 하고, 프로그램 짜고 진행도 해야 하고, 육아도 해야 하니까요. 거기에 코로나19까지 생겨서 멈추고 지금 하는 카페 일과 민박 일에만 집중하게 됐는데 마음 한구석에는 '산골놀이터'를 하고 싶은 마음이 있어요. 제가 하고 싶은 역할과 빨간지붕이 유기적으로 잘 돌아가도록 제가 해야 하는 역할이 있는데 균형을 맞추긴 어렵고 아직 선택의 기로에 있어요.

자연을 누리는 삶

아직 시내나 수도권으로 이주하고 싶은 마음은 없다고 했잖아요. 이곳을 떠나지 않고 싶은 이유가 무엇인가요?

원래는 도시 생활을 좋아하는데 여기서 살아보니까 자연이 주는 위로가 있어요. 그 위로가 도시에서 살고 싶은 마음을 누를 만큼 더 크고 좋더라고요. 거창하고 엄청난 걸 나에게 주는 게 아닌데 일상 속에서 누릴 수 있는 작은 면면들이 나에게 힘을 줘요.

신림면, 성황림마을만의 매력(?)은 뭘까요? (웃음)

산이요. 치악산이 늘 곁에 있는 게 위로가 돼요. 원주 시내에 나갔다 집에 돌아올 때 산이 늘 보이는 것이 편안함을 줍니다. 원주 사는 사람들도 어디에서나 치악산을 볼 수 있잖아요. 아파트 창가에서나 차를 타고 도로 달릴 때도 보이고요. 그리고 그 모습이 늘 변화하잖아요. 볼 때마다 새로운 것, 그런 것들이 좋은 거 같아요. 다만 치악산이라는 이름이 좀 더 부드러웠으면 좋겠다는 생각을 했었어요. 이름이 너무 세잖아요. (웃음)

팬데믹으로 자연에 대해 다시 생각해보는 계기가 확실히 되기도 했잖아요. 이렇게 오래갈 줄은 몰랐지만 빨간지붕에도 변화가 있었을 텐데요.

우리는 도시에 살다 자연에서의 삶을 선택한 거잖아요. 그런데 팬데믹으로 인해 전원생활이 로망처럼 변하기도 했고, 마스크를 벗고 자연에서 숨 쉴 수 있는 걸 원하는 사람들이 많아지면서 저희 집에도 손님들이 더 늘어난 거 같아요. 내가 선택한 가치에 대해 인정받는 느낌도 있었어요. 저희 아이들도 마찬가지고요. 2~3년 동안 학교도 잘 못 가고 친구들을 만나기 어려웠을 텐데 여기서는 정상적인 생활이 가능했으니까요. 저희 가족에겐 자연에서 사는 것,

자연이 주는 가치에 대해 더욱 소중하게 생각하는 계기가 된 것 같아요. 또 내가 앞으로 살아가야 될 일에도 이런 환경이 나쁘지 않다는 것을 알게 됐고요.

귀촌해서 자연에서 사는 삶이 긍정적인 게 많은 거 같네요.

귀농이나 귀촌이 정답은 아니고 자연에서 산다고 24시간 자연에 대한 촉이 열려 있는 것도 아니죠. 그런데 아주 한 순간 자연이 주는 편안함을 느끼는 거거든요. 이곳에 오는 사람들도 일상 속에서 열심히 살다가 잠깐 이곳에 와서 그런 바쁨을 다 잊고 편안하게 쉴 수 있는 공간이 됐음 해요. '귀촌이 좋으니 여러분도 귀촌 하세요' 이건 아니고요. (웃

음) 여기서 환기하고 갔음 하는 거죠.

직접 운영하시는 '쉼 프로젝트'가 그런 마음에서 나온 것 같네요. 남편 분이 목공을 하기도 하고 나무가 주는 쉼으로 프로그램을 기획하셨으니까요. 여름이 아무래도 성수기인데 바쁜 여름 보낸 기분이 어때요?

성수기를 보내며 느낀 점은 감사함이죠. 아무래도 계곡이 바로 옆에 있어서 여름이 가장 바쁜 시기인데요. 혼자서 운영하다 보니 카페 운영이 어려워서 카페 운영을 최소화했어요. 카페는 민박 손님이나 도마 만들기를 체험하러 온 손님들이 차를 마시면서 쉬는 공간으로 활용하기로 한 거죠. 가족끼리 휴가를 보내려고 오는 분들이 많으니 마당이나 계곡에서 조용하고 여유 있게 쉬는 모습을 보면 우리의 시골 라이프를 일부나마 함께 공유하는 느낌이 들어 뿌듯하고 좋아요.

아이들의 겨울방학에 맞춰 빨간지붕도 겨울방학 기간을 가지는데 올해는 또 어떤 계획이 있나요?

빨간지붕은 동물들처럼 겨울잠을 준비해요. 자연과 가까이 살다보니 자연의 주기에 맞춰 살기로 한 거죠. 회사 다닐 때는 마감에 쫓겼다면 지금 우리는 날씨에 쫓겨 살아요. (웃음) 겨울 난방용 나무를 준비하며 겨울잠 잘 준비를 하는데요. 겨울잠을 잔다고 아무것도 안 하는 건 아니고요. 그동안 경제활동을 바쁘게 했다면 겨울에는 책도 읽고 우드카빙도 하면서 가족 모두가 자기를 돌아보고 자신에게 좀 더 집중하는 시간을 갖는 거죠.

다시오다

심소영

인스타그램

@cafe_n_stay_dasioda

브랜드 키워드

#스테이 #카페 #에어비앤비

#감성숙소 #독채펜션 #스콘

#밀크티 #맛집 #여행

자녀

1남(2021년생)

원주시 신림면 성남로 꼭대기 자락에 위치한 카페 겸 스테이인 '다시오다'는 지인의 집에 초대받은 기분으로 편안한 쉼과 고소한 맛을 누릴 수 있는 곳이다. 치악산국립공원 인근이라 자연경관이 빼어나고 너른 마당, 집 옆에는 치악산에서 흐르는 맑은 계곡까지 자리 잡고 있다. 거기에 주인을 닮은 정갈하고 단정한 모습의 하얀색 2층 양옥은 지나는 누구든 한 번쯤 멈칫하게 만드는 매력을 가졌다.

1층은 카페로, 2층은 에어비앤비로 운영하며, 신발을 벗고 들어가야 하는 공간이다. 때문에 집과 같은 특유의 편안함을 느낄 수 있고 계절을 오롯이 감각할 수 있는 통 유리창은 마음을 쉬게 해준다. 심소영 부부는 시골의 정서가 있는 곳에서 사람들이 편안하게 쉼과 위로를 누릴 수 있는 공간 서비스를 제공하려고 이곳을 열게 됐다.

'다시오다'가 자리한 위치도 흥미로운데 강원도 원주시와 충청북도 제천시를 잇는 길목에 있기 때문이다. 행정구역상 원주시 신림면에 위치하지만 원주 시내에서 이곳으로 오는 거리보다 제천시에서 오는 거리가 더 가깝다. 제천에서 거주 중인 심소영은 카페를 영업하는 날과 스테이 손님이 오는 날엔 제천에서 원주를 오간다. 제천과 원주, 두 도시를 오가는 게 버거울 때도 많을 텐데 심소영은 늘 밝은 미소와 씩씩한 태도를 잃지 않는다.

마흔이 넘은 나이에 아들 지온이를 낳은 뒤 카페 영업일을 제때 지키기가 어렵게 됐을 때에도 그녀는 한결 같았다. 손님들에게는 미안한 마음이지만 엄마의 본분을 다해야 하는 자신의 일상을 얼룩지지 않고 깨끗하게 가꿔나가는 중이다. 실제로 심소영이 얼마나 '다시오다'에 마음을 다하고 있는지 필자는 갈 때마다 더 나아진 환경에 혀를 내두를 정도다. 센스와 감각도 좋아 갈 때마다 '이런 제품은 어디서 샀느냐' 물어보기 바쁘다. 실제로 주변에 새로 생긴 펜션 사장님들도 이곳에 와서 정보를 얻어간다.

카페의 주력 메뉴인 스콘과 밀크티는 어디에서도 볼 수 없는 맛이라 일부러 이 맛을 보러 찾아오는 손님들도 많다. 이곳의 시그니처 메뉴인 '대파치즈스콘'은 치즈의 고소한 풍미와 대파의 향긋함이 잘 어우러져 식사용으로도 제격이다. 천연당과 유기농 밀가루를 사용한 점도 마음에 든다. 밀크티는 아쌈, 얼그레이, 잉글리쉬블랙퍼스트 3가지 홍차를 배합해서 만든 시럽으로 만들어 밸런스가 훌륭하다. 대학에서 식품영양학을 전공하고 제과점을 10년 넘게 운영한 노하우가 빛을 발한 셈이다.

카페 오픈 초기에는 함께 운영했던 남편이 코로나19 이후 서울에 있는 회사에 취직한 뒤론 이 공간을 오롯이 심소영 혼자 채워나가고 있다. 몸은 더 바빠졌는데 손은 모자란 상황에서 그녀는 '다시오다'의 카페 휴무일을 최근 기존 2일에서 3일로 하루 더 늘렸다. 장사하는 입장에선 영업일을 늘리는 게 쉽지 휴무일을 늘리는 게 쉬운 일은 아니었을 것이다. 게다가 쉬는 요일에 일요일이 포함되는 건 손님 입장에서도 아쉬움이 큰일이었다.

하지만 심소영은 딸로서, 엄마로서, 또 카페 사장으로서, 스테이 주인으로서도 감당해야 하는 역할과 시간, 에너지, 자신의 위치를 고려해 현명한 선택을 한 것이다. 지금은 아쉬움과 손해가 남더라도 지온이가 좀 더 클 때까지, 제천과 원주의 동선을 효율적으로 운영할 수 있을 때까지 차선책을 택한 심소영에게 힘찬 응원을 보내며 일과 육아, 공간을 운영하는 방법, 앞으로의 바람과 계획에 대해 깊은 이야기를 나눴다.

위로를 주는 공간

이 공간을 어떻게 만나게 됐고, 카페와 스테이로 운영하게
됐나요?

우리 부부는 도시보다는 시골로 가서 노후를 보내는 바람
이 있었어요. 그러려면 나이가 들고 가는 것보다 좀 더 일
찍 가서 정착하는 게 좋겠다는 생각이 들었죠. 그래서 평
창, 정선, 단양, 홍천 등을 많이 돌아다녔어요. 그러다 우연
히 이곳 신림에 매물이 나와 보게 됐는데 한눈에 반한 셈
이죠. 친정엄마가 혼자 계시니 근거리에 살면서 적적하시
지 않도록 왕래하기에도 적당했고요. 개인적으로 원주에
있는 곳이라는 것도 좋았어요.

원주에 있어 더 좋았다니 구체적으로 어떤 부분 때문이었을

까요?

제천 사람으로서 원주에 대한 생각은 대체로 동경하는 마음이랄까요? 그런 동네란 생각이 있었어요. 충청도와 강원도랑 인접해 있으면서 원주는 구모가 있는 도시니 젊은 사람들이 살기 좋은 동네라는 인식을 항상 갖고 있었죠. 실제로 저희가 신림에 있으면서 원주에 사는 좋은 사람들을 많이 만나게 되어 참 감사해요.

시골에 와서 살아야겠다는 생각과 카페 일 모두 어떤 계기가 있었던 거예요?

제가 전에 뚜레쥬르를 운영했었어요. 그때 아는 분이 물물교환에 관심이 많았어요. 우리가 사는 세상이 돈으로만 돌아가는 세상이 아니었으면 좋겠다는 바람에서 프로젝트처럼 시작했던 게, 도시와 시골에 사는 사람들이 서로 필요한 걸 나누는 거였어요. 페이스북 그룹으로 만들어서 5천 명까지 멤버 수가 늘어날 정도로 꽤 활발히 활동한 커뮤니티였어요. 그 커뮤니티를 운영하면서 농촌에서 농사짓는 분들과도 교류가 많아졌죠. 지금의 당근마켓이랑 비슷했다고 생각하면 돼요. (웃음) 그분들을 통해 자연, 농업, 미래 환경과 먹거리에 대해 관심이 높아지면서 환경의 소중함도 알게 되었고 카페를 운영하는 계기도 되었죠.

흥미롭고 유용한 커뮤니티였네요. 뚜레쥬르는 아무래도 프랜차이즈 제과점이니 개인적으로 운영 방식을 기획하고 적용할 수 있는 카페 운영이 더 맞았겠어요.

프랜차이즈 브랜드니 그 안에서는 나의 정체성이 드러날 수 없는 구조였죠. 그런 부분에 대해 자꾸 갈급함이 생겼던 거 같아요. 저는 저의 것을 손님한테 전달하고 싶었는데 그게 잘 안 되는 환경이었으니까요. 그래도 인테리어부터 본사와 협의하면서 설계에도 제가 직접 참여했고, 커피의 경우도 본사는 무조건 자동 머신을 사용하라고 했는데 저는 반자동 머신을 사용했어요. 영업 방침도 일요일에 저는 쉬었고요. 자영업자로서 쉽지 않았지만 저는 제 방식을 고집했던 부분이 있어요. 그 일을 10년 동안 계속했던 거죠. 아버지가 돌아가시고 엄마 혼자 계시니 적적함을 지워드리고 싶어서 제천으로 왔고 그렇게 10년간 제과점 일을 하다 이곳을 열게 됐어요.

운명처럼 이곳을 만난 거네요. 카페와 스테이를 겸하고

있는데 두 가지 공간을 운영하는 게 부담될 때도 있겠지만 만족스런 얼굴이에요. 실제 운영은 어떤가요?

나의 브랜드로 일하고 싶었던 바람을 이뤄서 좋고요. 스테이와 카페를 하면서 손님으로 좋은 인연들을 많이 만나요. 내가 손수 꾸민 공간에 몇 시간, 하루, 이틀 오롯이 있다 가시는 걸 보면서 온전한 '쉼'에 대해 계속 고민하게 되어요. 이 건물을 제가 지은 건 아니지만 콘셉트가 가정식 카페잖아요. 신발을 벗고 들어와야 하는 구조니까요. 실제 우리 집은 짐도 많지만 이곳에서만큼은 꼭 필요한 물건만 있는 공간으로 편안하게 쉬었다 갈 수 있게 꾸미려고 했어요. 에어비앤비를 운영하기 전부터 저희 부부는 우리가 사는 집의 한 곳을 다른 이와 공유하고 싶다는 생각을 갖고 있었거든요. 내 것을 다른 누군가와 공유한다는 것이 즐거웠어요. 고맙게도 남편도 그것에 대해 개의치 않고 동의해줬고요.

내가 사는 집의 한 부분을 공유한다는 생각을 하셨다니 놀라워요. 사람을 좋아하고 함께 나누는 게 몸에 배었으니 가능한 생각인 거 같아요. '다시오다'라는 이름도 부부의 소망이 담겨 있는 거 같고요.

맞아요. 저희가 늙어서도 이 일을 해야겠다고 마음먹은 게 카페나 스테이를 하는 것이 나이가 들어서도 사람들과 관계를 지속적으로 맺어가면서 즐겁게 일할 수 있는 환경이라고 생각했기 때문이에요. 나 홀로 있는 것도 좋지만 사람들과 관계를 맺어가며 살아가는 게 유익하고 지금보다 노년에는 그게 더 즐거울 거라 생각하거든요. '다시오다'는 이름도 한 번 다녀가신 분이 다시 와서 인연이 계속 이어지면 얼마나 좋을까 하는 마음을 담았어요. 실제로 오신 분들이 다시 와줘서 너무 고맙고요. 이런 복이 어디 있나 생각해요. (웃음)

아이가 태어나고 생긴 긍정적 변화

소영 님이 오기 전에 이곳을 짓고 살며 카페를 운영하던 분들이 있었잖아요. 그런데 소영 님이 오면서 카페이자 스테이로도 겸하게 됐는데 그렇게 운영하게 된 이유는 무엇인가요?

우리가 '다시오다'라는 카페 겸 스테이를 하는 이유는 쉼이 필요한 사람들에게 위로가 되는 공간이길 바라기 때문이에요. 크리스천으로서 기독교적인 의미도 있지만 사람은 이타적이어야 한다는 생각이 항상 있고 그리스도의 향기와 사랑이 그들에게 흘러가서 그분들의 마음에 평안과 안정을 느끼게 해주고 싶은 거죠. 재작년에 이벤트를 열고 좋았어서 최근 또 열었던 것도 우리가 베푼 것 이상으로 우리에게 돌아오는 게 있더라고요. 우리 아이만 좋은 환경에서 즐겁게 사는 게 중요한 게 아니라 내 이웃이 건강하고 즐거워야 우리 아이에게도 좋은 게 더 많이 생길 거라는 생각이 들어요. 카페를 운영하면서 또 드는 다른 생각은 아이가 태어나니 환경에 대해 더 많은 생각을 하게 된 거예요.

아이가 태어나면서 환경에 대해 더 깊게 생각하게 되고 실천에까지 적극적으로 옮기게 된 거군요.

우리 모두에게 자연환경이 중요하단 걸 알게 됐으니까요. 용기부터 바꾸기 시작했어요. 테이크아웃 하는 일회용 용기를 보면서 매일 미안했었거든요. 다 플라스틱이니까요.

그런데 이번에 사탕수수와 옥수수 원료로 만든 생분해 제품들로 바꾸고 빨대도 바꿨어요. 아이가 태어나면서 조금 더 깊숙이 생각하고 실천하게 됐어요. 이기적인 마음도 섞인 건데요, 막상 내 아이가 태어나니 직접적으로 아이에게 미치는 영향에 대해 생각하게 되더라고요.

누구나 그렇지 않을까요? 저희도 비슷했고요. 아이가 태어나고 일이나 일상이 많이 달라졌을 텐데 어때요?

남편과 저는 사실 아이를 낳지 않아도 괜찮겠다, 우리 둘이 재미나게 살면 된다는 생각이었어요. 둘 다 나이가 좀 차서 결혼한 것도 있고요. 그래서 아이를 가지려고 어떤 인위적인 노력은 하지 말자 했었어요. 남편은 아이를 좋아하는 편이지만 저를 더 존중해줬던 거죠. 그런데 정말 자연스럽게 아이가 생겼고 아이가 태어남으로 저희 가정에 긍정적 변화를 많이 가져다줬어요. 개인적으로 제가 병원 가서 임신이라고 확증 받은 날 저희 아주버님이 돌아가셨거든요. 같은 날 한 가정에 죽음과 삶이 동시에 일어난 셈이죠. 시부모님께서 자식을 먼저 보낸 이루 말할 수 없는 슬픔을 조금이나마 지온이를 통해 이겨내신 거죠. 그래서 아이 태명을 '토닥이'라고 지었고 이름에 '따뜻할 온(溫)' 자를 썼어요.

큰일이 있었네요. 한 사람이 오고 가는 건 정말 엄청난 일이란 생각이 들어요. 제천으로 오게 된 게 어머니 때문이라고 했었잖아요. 지금은 어머니가 아이도 봐주시고 같이 살면서 서로 도움 주고받는 게 더 많아졌겠군요.

엄마 때문에 제천에 내려왔는데 엄마 덕분에 건강에 좋은 먹거리를 먹고, 내 안에 평안을 얻게 됐죠. 제가 베푼 것처럼 생각했는데 사실 결국엔 내가 받은 게 더 많은 거죠. 저희 엄마도 장사를 하셨으니 엄마가 일하는 모습을 보면서 성실함을 배우기도 했고요. 또 저희 엄마가 시어머니인 저의 할머니를 91세까지 모시고 사셨는데요. 그렇게 돌보는 모습을 보면서 저도 엄마와 함께 시간을 더 보내고 싶었던 거 같아요. 아이가 태어나니 엄마 도움 없었으면 이 일을 지속하기 더 어려웠을 거 같고요.

일과 육아를 양립하는 게 쉽진 않은데요. 아이 낳고 1년이 지난 지금 엄마의 일에도 우선순위나 맥락이 꽤 달라졌을 거 같아요. 현재의 고민이나 변화는 무엇인가요?

제가 회사원이었으면 육아와 일을 병행하는 게 정말 쉽지 않았을 텐데요. 그래도 제 브랜드를 가지고 장사를 하면서 아이도 돌볼 수 있는 거 같아요. 이전에 일은 아이를 키우면서 겸업할 수 없는 일이었는데 아이를 통해 제가 뭘 더 좋아하는지 알고 선택할 수 있었어요. 그래서 아이를 보면 늘 고맙다는 생각을 해요. 아이 낳고 카페 오픈을 오후 1시에 하는데요. 다소 늦은 시간 같아도 고집할 수밖에 없는 게 아이를 어느 정도는 케어하고 좀 정리된 마음으로 이곳에 와야 하기 때문이에요. 아마 오후 1시에 열고 오후 6시에 닫는 카페는 별로 찾아볼 수 없을 거예요. (웃음) 위치가 도시가 아니라 시골이라 가능한 것도 조금은 있는 거 같고요. 스테이도 겸하니까 손님들이 아이 얘기하면 대부분 이해해주시는 편이에요. 운영하면서 좀 어려운 점은 주말에 친정엄마도 쉬셔야 하는데 제 일도 해야 하는 점이었는데요, 과감하게 카페 휴무일을 하루 더 늘려 일, 월, 화 3일을 쉬게 됐어요.

수개 월 동안 주말에도 영업을 하시면서 결정한 거라 용기가 꽤 필요했겠어요. 마흔이 넘어 아이 엄마가 되셨는데 엄마로서의 변화는 어떤가요?

제 성격일 수도 있고 늦은 나이에 엄마가 돼서일 수도 있는데 자연분

만이나 모유수유, 이유식 등 너무 좋은 것만 하려고 부담 갖거나 애쓰지 않게 되더라고요. 육아에 있어 여유가 있는 거죠. 아이 존재 자체가 너무 귀하고 내추럴 하게 아이를 키우고 싶은 마음도 있기 때문에 작은 요소들은 마음을 오히려 내려놓게 되는 게 있어요.

엄마로서, 브랜더로서의 바람

팬데믹으로 인해 받은 영향과 그로 인해 달라진 점은 무엇인 가요?

우리는 팬데믹과 함께 운영을 시작했어요. (웃음) 팬데믹으로 인해 원주 주변에 저희 같은 시골 카페가 많이 생겼어요. 도시는 복잡하니 바깥바람을 쐬고 싶어 하는 사람들이 늘어난 거죠. 저희와 콘셉트가 잘 맞는 변화라 생각했고요. 우리는 스테이도 독채로 운영하니 더 찾는 손님들이 많았어요. 이건 전원 카페나 스테이를 운영하는 사람들은 다 같은 마음일 거라 생각해요. 임신과 출산이 팬데믹 때 이뤄지다 보니 많이 쉬었죠. 덕분에 스테이에 오신 분들은 더 오롯한 쉼을 만끽하고 가실 수 있지 않았나 싶어요. 다시오다를 인수하면서 저희가 상호명을 바꾼 게 아니기 때문에 갑작스러운 변화를 손님들이 느끼셨을 수도 있었을 텐데 팬데믹으로 인해 손님들도 저희도 천천히 이곳과 적응하는 시간을 가질 수 있었죠. 천천히 가는 시간의 흐름이 좋을 때가 있어요.

일하는 엄마로서, 지온이에게 어떤 엄마로 불리고 싶나요?

남편과 지온이를 어떻게 키울까 서로 이야기할 때마다 '공부'는 빼자고 해요. (웃음) 이름 그대로 아이가 따뜻한 남자로 살아갔으면 해요. 아직 아기인데 우리는 벌써 이 아이가 한 여자를 책임질 남자가 될 모

습을 상상해 봐요. 나중에 가정을 이끌게 됐을 때 따뜻하고 다정한 아빠였으면 좋겠어요. 돌 지난 아이를 두고 그런 얘기하는 게 안 맞을 수 있는데 이름 그대로 살았으면 좋겠고, 아이 또한 타고난 정체성 그대로 살아가도록 돕고 싶고요. 아이가 좋아하는 게 무엇인지 아직은 모르지만 자신이 좋아하는 것을 즐겁게 할 수 있도록 방향을 약간씩 수정해주는 정도의 엄마였으면 좋겠어요. 아들 낳으면 엄마들이 아들에게 집착한다는 말도 있던데 저는 집착하고 싶지 않아요. 또 남편이 아이 육

아나 훈육에 있어 저보다 더 탁월함이 있기 때문에 아이 아빠에게 의지하는 부분도 많아요. 부부 간의 서로의 장단이 있으니 맞춰 가는 거죠.

브랜더로서의 계획과 바람도 이야기해주세요.

지금은 이 공간이 카페와 스테이가 함께 있잖아요. 저희는 제천에 살고 있고요. 그런데 앞으로는 제천에서 작은 스콘 전문점을 운영하고 싶은 바람이 있어요. 이곳은 스테이로만 '쉼'이 주목적인 최적의 공간으로 만들고 싶고요. 카페와 스테이가 어우러져 있는 지금도 좋지만 가능한 두 공간이 분리가 되어야 온전하다는 생각이 있어요. 스콘 전문점을 만들면 아이들, 청소년들을 위한 클래스도 열고 싶어요. 스테이는 좀 더 아이가 있는 가족을 위한 공간으로 변화를 주고 싶고요. 아이들이 도시에서 누릴 수 없는 것들을 이곳에서 좀 더 누릴 수 있는 공간으로 만들고 싶어요.

시도캘리그라피

신은정

인스타그램

ⓒsido_calligraphy

브랜드 키워드

#손글씨 #캘리그라피

#원데이클래스 #펜캘리그라피

#감성 #굿즈 #특강

자녀

1늠(2018년생)

handwriting & calligraphy
digital, analogue
goods. stationery. etc,,
class. ONEDAY. REGULARLY,
cozy. healing. RELIEVE-STRESS!
WELCOME,
WELCOME,
WELCOME.

Merry AND Bright

charming POINT!

FLEX

A SWEET CAN CHANGE THE WORLD!

Smooth LIKE Butter

Winter IS Coming!

지금보다 어디든가자!

2022

POSCA

PRIS

60

Merry 'AND' Bright

Winter is Coming!

이던

내선함

나의꿈
그냥사는
그냥조
그미조ㅇ

게게 에메랄드빛 바다를
1 아—
음이 바다처럼 넓어졌으면 해,

잠깐
쉬어도
괜찮아

마음에도
휴식을
줘야해

~FL

지금나와
어디든가자!

'어떤 것을 이루어 보려고 계획하거나 행동한다'는 뜻의 '시도'.

시도라는 단어처럼 우리는 한 번뿐인 인생을 살면서 하루, 한 달, 일 년 그 이상의 계획을 세우고 그 계획을 이루기 위해 행동한다. '시도 캘리그라피'란 이름으로 글씨를 쓰는 신은정도 자신이 좋아하면서도 잘하는 일을 업으로 만나기까지 젊은 날 많은 일을 시도해왔다. 얼마나 많은 일들을 겪었으면 지난 일들을 기록해 한 권의 책으로 만들었을까. 더욱 흥미로운 건 한 권의 책을 냈음에도 여전히 신은정은 하고 싶은 이야기가 많다는 것이다. 그 마음을 그대로 담은 책 제목이 《내 얘기 아직 안 끝났는데》이다. 신은정을 만나기 전 그녀가 쓴 책을 흥미롭게 읽으면서 꽤 나와 닮은 구석이 많다는 걸 발견했다. 자신이 좋아하는 일이 무엇인지 찾고 싶어 하는 마음, 그 마음 하나로 여러 일을 경험하고 그에 따른 선택과 책임을 지는 게 20대 때의 나를 보는 것 같았다. 공감이 커지자 얼른 신은정을 만나 이야기를 나누고 싶었다.

신은정은 어릴 때부터 손 글씨가 예쁘다는 소리를 익숙하게 들어왔음에도 글씨 쓰는 일을 직업으로 삼는다고는 생각해본 적 없었다. 캘리그라퍼가 되기 전 그는 행정조교, 서비스직, 모델 지망생 등의 커리어 여정을 걸어왔다.

다채로운 일 경험 기반 위에 엄마가 된 후에도 지속적으로 하고 싶던 일은 행정조교 일이었다. 그랬던 그가 계획에도 없던 캘리그라퍼로서 새로운 커리어 여정을 걸어가고 있는 현재 모습은 어쩌면 글씨를 꽤 예쁘고 바르게 잘 썼던 신은정의 어린 시절부터 그림자처럼 따라다녔던 모습일지 모르겠다. 등잔 밑이 어둡다는 말처럼 손으로 글씨를 쓰는 게 '생활'이어서 미래 직업으로 삼기엔 좀 더 이상적이어야 한다는 강박이 그를 자꾸 다른 직업의 옷으로 갈아입게 만든 건 아닐지….

돌고 돌아 운명을 만난 것처럼 자신이 가장 잘하는 일이자 좋아하는 일인 '글씨 쓰는 일'로 '시도'라는 브랜드를 만든 그는 그동안 자기 내면 안에 차곡차곡 쌓여 있던 에너지를 캘리그라피를 통해 끊임없이 발산하는 중이다. 프리랜서 작가로 활동을 시작하더니 클래스 개설 수요와 개인 작업 공간의 필요를 느껴 '사각사각스튜디오'를 오픈하고, 여러 기관 및 학교에서 캘리그라피 강사로도 종횡무진 활약하고 있다.

내 안에 있는 자원을 나누는 일에 에너지를 쏟다 보면 어느새 고갈됨을 느끼기 마련인데 신은정은 자신의 작업에도 열중해 2021년 건대 프리마켓 손글씨 콘테스트에서 1등을 거머쥐었다. 그 결과로 'ㅅ도반듯체' 폰트를 선보이게 됐다. 뿐만 아니라 한국예술캘리그라피협회 소속 강사로 강원원주지회장을 맡고 있으며, 최근에는 '우리여섯'이라는 프로젝트 창작가 그룹의 멤버로 《최고의 하루》 그림책을 출간하기도 했다. 물론 다섯 살 아들을 키우는 엄마기도 하다.

이 많은 일을 혼자서 척척 해내는 힘은 어디서 나오는 걸까. 잘하고 좋아하는 일이 나의 브랜드가 되면 가능한 것일까. '펜 캘리그라퍼'로 자신의 기본 무기를 강하게 장착한 그는 글씨 쓰는 일이라면 뭐든 씩씩하게 마주하는 일상을 보내는 중이다. 그게 무엇이든 괜찮다는 마음가짐으로. 시도 캘리그라피의 이름 탄생 배경에는 본래 신은정의 별명이었던 '신동'이 숨어 있었다는 유머 코드까지 겸비한 밝고 유쾌한 신은정의 캘리그라피 작업실에는 무언가 계속 '시도'할 수 있을 것 같은 기운이 느껴졌다.

내 얘기 아직 안 끝났는데

책 재밌게 잘 읽었어요. 공감되는 부분이 많더라고요. 20대 신은정의 모습은 어땠어요?

20대 때부터 비로소 사춘기가 시작됐던 거 같아요. 10대 시절에는 장녀라는 타이틀과 학교라는 틀 안에서 무난하게 생활해왔었거든요. 부모님 기대에는 못 미쳤을지 모르겠지만 속 썩이는 딸은 아니었어요. 부모님의 입장을 들어봐야 하겠지만요? (웃음) 그런데 대학 전공을 잘못 선택한 게 계기가 돼서 20대 때 방황을 꽤 했어요. 문과를 갔어야하는데 바이오테크놀로지 분야가 이슈 되면서 취업 잘된다고 해서 이과를 선택했거든요. 지금 생각하면 인생에서 꼭 필요했던 과정이지만 일과 사람 모두 힘들었던 시기였어요.

20대 때 방황은 오히려 필요한 거 아닌가 생각해요. 그리고 은정 씨는 지속적으로 자신에게 맞는 일을 찾으려 노력했잖아요.

내 뜻대로 되지 않는 경험을 반복하면서도 치열하게 무언가를 하진 않았던 거 같아요. 모델 지망생이기도 했고, 20대 때 쇼핑몰을 운영하면서 사업자도 냈었고 마트나 안내데스크 등의 서비스직 알바도 했었는데요. 남들 취업하는 시기에 저는 제가 하고 싶은 일을 찾았던 거죠. 저희 집이 여유가 있던 것도 아닌데 장녀로서 하지 말아야 할 행보를 간 게 아닌가 하는 생각들이 있었어요. 주변의 어떤 기대와 시선 같은 게 제일 힘들었고요. 그때 경험한 일들이 지금 하고 있는 일 안에 많이 녹아 있긴 해요. 그때로 돌아가고 싶진 않지만 똑같은 후회는 하지 말아야지 하는 마음이 있죠.

모든 경험이 긍정적 결과만 주는 건 아니니까요. 저도 생각해보면 많은 실패의 경험을 통해 성장했던 거 같아요. 얘기 들어보니 장녀로서의 책임감도 꽤 강한 편인 거 같고요.

그래도 감사한 건 제가 방황할 때 부모님께서 '하고 싶은 건 다 해라, 대신 안 돼도 네가 책임져야 한다'는 걸 알려주셨어요. 사실 그런 것에 압박도 있었던 거 같아요. 모델 지망생이었을 때도 막상 그 세계에 가보니 '우물 안 개구리'였단 걸 알게 됐죠. 회사에서도 잘하는 줄 알았는데 현실에선 그렇지 않다는 걸 마주하면서 인정하는 시간이 필요했던 거 같고요.

잘하는 줄 알았는데 막상 해보니 못 한다고 판단한 일은 어떤 거예요? 예를 들면요.

모델 일의 경우, 평소 카메라도 안 무서워하고 앞에 나서는 것도 좋아하고 춤추는 것도 좋아했으니 잘할 줄 알았는데 타고 나야 하는 것들에서 부족함이 많더라고요. 키도 작은 편이고요. 동경했던 세계에 갔는데 막상 그 세계에선 제가 개성이 뚜렷한 것도 아니었으니 스스로 자신이 점점 없어졌어요. 회사에서도 마케팅 일을 했는데 실제로는 전화 울렁증이 있더라고요. 말하는 걸 잘하니까 응대하는 것도 잘할 줄 알았는데 서비스직이 맞지 않았던 거죠. 지금도 강의 맡으면서 시작하는 과정까지 너무 힘들었어요. 그럴 땐 예민해져서 음식도 먹지 않고요. 결과적으

론 잘 끝내지만 끝난 뒤 안도하는 거죠.

고등학교 때 전교부회장을 하기도 했었잖아요. 부모님께는
착한 딸, 자랑스러운 딸이었을 거 같은데 어떤 반응이셨어요?

저랑 다르게 부모님은 뭔가 나서서 하는 걸 별로 안 좋아
하셨어요. (웃음) 제가 부회장이 된 것에 대해선 뿌듯해 하
셨지만 그것 때문에 엄마가 학교 오셔야 할까봐 부담을 가
지셨어요. 대학교 입학할 때도 처음 방을 계약할 때만 도
와주시고 그 뒤로는 제가 다 알아봐서 자취방도 옮겼고요.
이후 취업해서 서울로 갔을 때도 자연스럽게 저 혼자서 일
이든 이사든 했어요.

힘든 일도 많았지만 그런 경험을 통해 사람을 보는 안목이나
일에 대한 안목이 생긴 거겠죠?

맞아요. 그런 과정을 통해 내가 잘하는 것과 좋아하는 것
에 대한 구별하는 안목이 생겼어요. 20대의 다양한 경험
을 기점으로 안목들이 생기면서 결혼도 하고 또 다른 일도
찾을 수 있었죠.

사각사각 쓰는 글씨로 무엇이든 시도할 수 있는 곳

아담한 공간인데 통 유리창으로 되어 있어 시원해 보이고 좋
네요. 작업실은 언제 열었어요?

2021년 3월에 열었어요. 저희 집이 혁신도시라 작업실도
집과 가까운 거리에 있으면 좋겠다고 생각했지만, 사실 이
동네가 세가 비싼 편이라 염두에 두지 않았어요. 그래서
처음에는 원도심인 일산동 일대를 알아봤어요. 평소엔 주
로 저 혼자 작업 공간으로 쓰면서 수업이 있는 날엔 수강
생 분들과 함께 사용하는 공간인데 대부분 수강생 분들이
여성분들이라 위치보다도 화장실이 깨끗한지 좀 더 신경
쓰면서 작업실을 찾았어요. 그런데 맞는 조건의 건물을 찾
기 어렵더라고요.

그런데 어쩌다가 혁신도시에 작업실을 열었어요? 조건이 맞
는 곳을 잘 찾은 셈인가요?

네, 사전 질문지에 있던 '팬데믹으로 달라진 점'과도 연결
되는 이야긴데요. 전 사실 코로나19의 수혜자라고 생각해
요. (웃음) 처음에는 코로나19 원망을 했지만 이 공간도 본
래 시세보다 싼 가격에 세를 얻었거든요. 코로나19 영향으
로 상가들이 안 나가고 있는 시기에 사장님이 생각한 공간
색깔과도 잘 맞아서 좋은 조건으로 들어오게 됐죠.

때가 잘 맞은 셈이네요. 글씨 쓰는 것을 본격적으로 해야겠
다 맘먹은 게 언제예요?

글씨 쓰는 게 저에게는 생활 그 자체였어요. 어렸을 때부터 글씨가 예쁘다는 소릴 들었거든요. 내 글씨를 좋아해주니 뭘 만들어서 판매해보자는 생각은 해봤지만 글씨 쓰는 것을 가르칠 거라곤 생각 안 했어요. 그런데 퇴사하고 코로나19로 집에 있게 되었을 때 우연히 참여했던 필사 모임에서 마켓 셀러까지 하게 되면서 진짜 해볼까 하는 생각이 들었어요. 그래서 자격증 취득 과정을 들으면서 저만의 수업 방법을 터득하게 됐죠.

캘리그라퍼로 활동하면서 작업실 오픈도 자연스레 계획한 건가요?

원래는 이렇게 작업실 운영까지 할 생각은 없었어요. 소소하게 클래스 하면서 용돈벌이 하고 아이에게 더 집중해야 한다는 생각이 컸었는데 신랑이 사업을 하다 보니 사업적인 마인드로 제 일을 바라보기도 했고 저도 이왕 하는 거 더 잘하고 싶은 마음도 생겼어요. 작업실을 열게 된 것은 맘먹은 일을 꾸준히 할 수 있는 장치가 필요한 것도 있어요. 작업실 월세를 내기 위해서 제가 뭐라도 해야 되잖아요. (웃음) 집에서는 아이와 함께 있으니 변수가 많은 편이라 창작이 잘 이뤄지지 않기도 하고요. 취미가 아니라 내 일을 하는 워킹맘의 자세가 필요했어요.

다섯 살 아들은 엄마가 글씨 쓰는 사람인지 알죠? 엄마의 일
에 대해 어떤 반응이에요?

제가 집에서도 글씨를 쓰고 있을 때가 많아서인지 '엄마
뭐해?' 물어보고 제가 글씨 쓰고 있다 말하면 이해해요. 이
작업실을 아이는 '엄마 집'이라고 말하거든요. (웃음) 아빠
사무실은 아빠 집, 우리 집은 내 집이라고 말해요. 그래서
저에게 '엄마 집에 언제 가?'라고 말할 때도 많고요. 전에
일할 때는 아이가 생겨서 일을 그만둬야 하는 환경을 원망
했었는데 지금은 '아이 덕분에'라고 해요. 아이 덕분에 제
가 진짜로 잘하고 좋아하는 일을 시작할 수 있는 기회를
얻은 거니까요.

'아이 덕분에'라는 말 좋네요. 아이는 나를 성장시키는 고마
운 존재죠. 요즘 캘리그라피에 관심 있는 분들이 많은 거 같
아요. 이쪽 분야로 새롭게 커리어를 시작하는 사람들에게 해
주고 싶은 말은 무엇인가요?

단순 취미로 시작한 캘리그라피였는데 제가 점점 다양한
일들을 경험하며 느끼는 게 캘리그라피 영역이 참 많은 가
능성이 열려 있다는 거예요. 순수 작가가 될 수도 있고, 강
의를 할 수도 있고, 핸드메이드 굿즈를 판매할 수도, 로고
디자이너가 될 수도 있고요. 이와 관련한 콘텐츠로 유튜

버나 인플루언서가 되기도 하고요. 하지만 결국 '손 글씨를 쓴다'는 기본 뿌리는 변하지 않아요. 얼마나 꾸준히 글씨를 쓰고 연구하느냐에 따라 개인의 커리어가 크게 차이 나겠죠. 무슨 일이나 마찬가지겠지만 '꾸준함'을 믿으세요. 글씨도 빨리 쓰면 악필이 되듯이 천천히 욕심 내지 않고 꾸준히 하다 보면 점차 멋진 일들을 만날 거예요. 이건 제 스스로에게 하는 말이기도 합니다. (웃음)

캘리그라피 작가이자 강사로 활동하면서 올해 글씨를 기반으로 또 다른 시도들을 많이 한 거로 알아요. '우리여섯' 프로젝트 그룹으로 참여하면서 그림책 《최고의 하루》도 출간하고요. 개인적 변화가 어떻게 다가 왔나요?

올해 5~9월은 유난히 바빴어요. 기존에 하고 있던 강의나 개인 스케줄은 평일 낮 시간에 맞춰 소화하고 있었는데요, 그림책 출간과 더불어 지역 내 문화 사업이나 행사에 참여하다 보니 프로그램 특성상 주말에 바빴어요. 그림책을 매개로 하는 프로그램이고 아이들이 참여하는 행사들이라 제 아이를 데리고 현장에 나간 적도 있는데 저에게 일은 일이고 육아는 육아더라고요. (웃음) 멀티가 안 돼서 본의 아니게 주말에 제 아이보다 다른 아이들을 더 많이 만나게 된 시간이기도 했어요. 개인적으로는 캘리그라피 외 다른 영역을 경험해보고 많은 분들이 관심 가져주셔서 감사했습니다.

세상의 모든 엄마들을 응원하는 마음으로

다섯 살 아이를 키우고 있는 엄마 입장에서 일과 육아의 균형을 위해 선택한 기준이나 방법은 뭐가 있을까요?

일단 저는 모든 스케줄을 아이가 기관에 있을 때 시작하고 끝마치는 것으로 정했어요. 어쩔 수 없이 신랑의 도움이 필요할 때가 생기긴 하지만 기본적으로 아이가 유치원에 가 있는 평일 낮 시간대를 활용해서 가능한 스케줄을 잡고 다하려고 해요. 평일 저녁이나 주말은 아이와 함께 보내는 걸 기준으로 삼고요. 최근에는 주말에 진행하게 된 프로그램으로 바빴는데 다행히 아이가 엄마의 일에 대해 좀 더 이해할 줄 알고 아빠와 시간을 보내는 데도 익숙해져서 두 사람에게 미안하고 고마웠어요.

양가 부모님의 도움 없이 육아와 집안일은 온전히 부부의 몫으로 담당하고 있나 봐요.

네, 육아와 집안일 모두 저희 둘의 몫이에요. 보통 출산하면 친정에서 산후조리를 하기도 하잖아요. 그런데 저는 그런 거 하나 없이 조리원에서 퇴소하자마자 신랑과 저 둘이서 고군분투하며 육아를 담당했어요.

부모님께 배운 점도 있겠지만 타고나길 독립적인 성향이 강하기도 한 거 같아요.

엄마가 되고 나서 더 저희 엄마를 이해하게 되기도 했어요. 저도 워킹맘이잖아요. 그동안 저희 키우면서 엄마는 엄마의 상황에 맞춰 최선을 다했다고 생각해요. 엄마에게 서운한 마음을 가지면 안 되겠다 싶고요. 부모의 입장에선 늘 자식에게 부족함 없이 해주고 싶은 마음인데 상황이 다 따라주진 않았다 여겨요.

공감합니다. 아이의 연령에 따라 엄마의 일에도 맥락이나 우선순위가 달라지잖아요. 혹 현재 일하는 엄마로서 드는 고민이 있을까요?

'엄마가 행복해야 아이도 행복하다'는 생각을 늘 기반으로 두고 움직이는데요. '저의 행복이 아이에게도 행복일까'가 걱정이에요. 제가 하는 일이 늘어나면서 아이에게 보이지 않는 결핍이 생기는 건 아닐까 염려도 되고요. 가끔 아이가 '엄마가 오늘은 늦게 와서 너무 보고 싶었어' 하는 말도 마음에 콕 박힐 때가 있거든요. 아직 어리니까 엄마, 아빠의 상황을 다 이해시킬 수 있는 시기가 아니잖아요. 엄마, 아빠가 일하는 부분에 있어 아이가 잘 받아들일 수 있도록 신경 쓰고 있어요. 늘 미안한 마음이 들면서도 엄마는 일을 해야 하는 사람이라는 게 있죠. 그래도 제가 스스로 스케줄을 조절할 수 있는 장점이 있으니 아이의 마음을 좀 더 헤아리면서 선택하려 해요.

부모도 아이도 함께 성장하는 관계니까요. 잘하실 거예요. 클래스를 통해 다양한 분들을 만나지만 주로 아이 키우는 엄마들을 많이 만나실 거 같아요. 엄마들과 나누고 싶은 이야기는 무엇일까요?

제가 자주 쓰는 글귀예요. '세상의 모든 엄마들을 응원합니다.' 뭐든 좋으니 가끔이라도 '나'를 위한 시간 갖는 것을 소홀히 하지 않았으면 좋겠어요. 조용한 곳에서 마시는 커피, 지친 마음에 위로를 건네는 책 한 권, 기분 좋게 하는 디저트 같은 작은 것 하나가 하루하루를 살아가는 데 큰 힘이 되더라고요. 저에게는 '손 글씨를 쓰는 것'이었는데요. 그게 지금의 삶을 만들기도 했어요. 엄마라면 더더욱 '소소하지만 확실한 행복'을 꼭 찾으라고 말하고 싶어요. 생각보다 그렇게 하지 못하는 분들이 많더라고요. 저는 조금 이기적일 수 있지만 '나의 행복이 곧 우리 가족의 행복'이라고 믿는 사람이에요. 우리 같이 행복해져요.

06.

수풀

인스타그램

@sco_pul

브랜드 키워드

#그림 #일러스트레이터 #자연

#아이패드 #디자인 #굿즈 #감성

#전시

자녀

1녀(2019년생)

Sold out

인스타그램에서 우연히 초록색 가득한 자연의 그림을 보게 됐다. 내가 사는 원주에서 오랫동안 알고 있거나 자주 가는 장소를 그린 그림이었다. 익숙한 장소였으나 초록색으로 물든 그림 속 원주의 모습은 새롭고 아름다웠다. 누가 그린 그림일까 봤더니 계정 이름이 '수풀'이었다. 이름과 꼭 닮은 그림을 그리는 사람이구나 하는 마음으로 수풀이 그린 그림들을 찬찬히 살펴보았다. 차분하면서도 깊이와 따뜻함이 서려 있는 그림들을 보며 이 사람을 만나고 싶어졌다.

덜컥 디엠을 보내 나의 존재와 취재 섭외 요청을 한 때로부터 실제 우리가 만나 이야기를 나누기까진 수개월의 시간이 흘렀다. 그동안 메시지만 주고받다가 직접 얼굴을 마주하게 된 날에는 묘한 설렘까지 일었다. 일러스트레이터로 활동 중인 작가 '수풀'은 본명과 얼굴을 비공개로 요청했고, 이 때문에 나만 아는 작가란 느낌의 비밀스런 기분이 동반되었다.

수풀은 조용하면서도 섬세하고 사려 깊은 사람이었다. 그림이든 글이든 그리고 쓴 사람을 닮기 마련인데 수풀도 그러했다. 원주에서 태어나 지금까지 쭉 원주에서 살고 있는 수풀에게 원주를 그리는 일은 자연스러운 과정이었을지 모른다. 시내에서 조금만 벗어나도 자연적인 곳이 많아 원주에서 사는 것에 만족한다는 수풀은 아이를 낳고 자신이 좋아하는 일을 찾은 사람이다. 이전에는 미술학원과 지역아동센터에서 아이들에게 미술을 가르치는 선생이었던 수풀은 아이를 낳고 육아에 전념하는 2년 동안 자신이 어떤 일을 좋아하고 잘할 수 있는지 깊이 고민했다. 그렇게 스스로에게 새로운 이름을 부여한 게 일러스트레이터 '수풀'이다. 아이패드로 그림을 그리는 수풀은 그림이 완성되면 인스타그램 계정에 업로드 한다. 개인 작업을 꾸준히 하다 보면 하나하나 쌓여서 좋은 일이 생기겠지 하는 마음으로 1년째 성실히 그림을 그리고 있다.

지난 6월 중순에서 7월 하순까지는 카페 바탕에서 '그래서, 초록'이란 제목으로 제4회 이 달의 작가 전시회를 했다. 전시를 열며 수풀은 '마음속에 가지고 있는 빛나는 풍경과 감정이 보시는 분들에게 따뜻하게 스며들기 바라는 마음으로' 그림을 그렸다고 밝혔다. 카페 바탕에 걸린 수풀의 그림들과 엽서, 굿즈들을 지그시 바라보니 정말로 수풀이 마음속에 지녔을 빛나는 풍경과 감정이 나에게도 따뜻하게 스며들었다. 자연이 주는 힘이었는지, 본래 그림이 지닌 본성이었는지 잘 모르겠지만 그림에 담긴 온기로 수풀의 작품에서 눈을 쉽게 뗄 수 없었던 건 분명하다.

그림을 기반으로 굿즈 제작도 활발하게 시도하는 수풀은 2021년 원주시 관광기념품 콘테스트에 강원감영과 반곡역을 그린 마그넷을 출품해 동상을 수상했다. 민들레, 솔잎, 열매가지 그림으로 키링을 만들어보기도 한 수풀에게 새로운 경험은 성장하는 동력이 된다.

그동안 그려온 자연 풍경 위주의 그림에서 색다른 그림을 그려보고 싶다는 생각에 수풀은 최근 바뀐 그림체를 선보이기도 했다. 자연물을 그리는 기존의 방향은 비슷하지만 더 많은 오브제로 밝은 분위기를 추구하고자 하는 수풀의 마음이 전해진다. 이전의 작품들이 자연 풍경으로 채워지는 느낌이었다면 최근의 일러스트 작업들은 오밀조밀 귀엽고 사랑스러운 세밀함이 돋보인다. 앞으로 또 어떤 그림체로 마음에 감동을 줄지 수풀의 행보가 기대된다. 매일 시간을 정해 그림을 성실히 그려 나가는 수풀과 좋아하는 일과 일상에 대한 마음과 생각을 나눠보았다.

스스로 만든 '수풀'이라는 이름

수풀 님 고향이 원주인가요?

네, 원주가 고향이에요. 태어나서 지금까지 30년 넘게 계속 원주에 살고 있어요.

다른 곳에서 살고 싶은 생각은 없었나요?

가끔 생각해본 적은 있는데 딱히 다른 지역에 가서 살고 싶단 생각은 없었어요. 예전에 대학 졸업하고 경기도에서 일한 적이 있었는데 저랑 좀 안 맞았어요. (웃음) 여기보다 복잡한 도시가 저에게는 안 맞더라고요.

작가님이 생각하는 원주의 장점, 매력은 무엇인가요?

원주 살며 확실히 좋은 점은 시내에서 조금만 근교로 나가도 자연적인 곳이 많은 거예요. 다른 지역을 안 가봐서 그럴 수도 있는데요. (웃음) 자연을 누릴 수 있는 환경에 만족하며 살고 있어요. 다른 지역에 가면 내가 이 정도로 만족할 수 있을까 확신이 없기도 하고요.

그렇군요. '수풀'이란 이름은 언제부터 사용한 건가요?

아이 낳고 2년간 육아만 전념했어요. 아이가 어린이집 갈 날만 기다리면서 제 일은 아예 하지 않았어요. 아이가 어린이집을 다니게 되면 '내가 좋아하는 일을 하면서 어떻게 아이와 시간을 보낼 수 있을까?' 고민한 결과가 '수풀'이란 이름이에요. 천천히 생각해보니까 평소 관심이 많았던 분야고 프리랜서니까 아이와도 시간을 보내는 게 가능하겠다 싶어서 새로운 일에 용기를 낸 거죠.

일러스트레이터로 활동하기 이전에는 어떤 일을 했나요?

미술학원에서 강사로도 일하고 지역아동센터에서 아이들에게 미술을 가르치기도 했어요. 원래도 일러스트에 관심은 많았는데 출산 전에는 하던 일이 바빠서 일러스트를 시작하는 것에 엄두를 못 냈어요.

'수풀'이란 이름으로 인스타그램을 시작한 지 1년이 넘은 거죠? 브랜드를 갖게 되면서 그간의 서사가 어떻게 변화했는지 궁금해요.

1년이란 시간이 제겐 짧은 시간처럼 느껴져서 아직 많이 알려졌다고는 생각하지 않아요. (웃음) 인스타그램의 팔로워는 조금씩 늘고 있지만 피부로 느끼는 건 덜해요. 외주도 간간이 받곤 있지만 하루 종일 바쁠 정도는 아니니까요. 있을 때도 있고 없을 때도 있다 보니 아직 흐름을 잘 모르겠고 발전하기까지 한참 멀었다고 느껴요. (웃음)

작가님 그림이 가진 매력이 뚜렷해서일까요. 저는 앞으로 작가님이 어떻게 바빠지실지 기대가 되는데요? 전시도 하고 이 책도 나오면 더 바빠지지 않을까요? (웃음)

맞아요. 저도 일러스트를 시작하면서 외주를 받아 돈을 많이 벌어야 좋은 거라고 생각하지 않고 개인 작업을 하나하나 쌓아가다 보면 좋은 일이 생기겠지 생각하며 일하고 있어요. 막상 1년쯤 하니까 외주도 좀 들어오면 좋겠다 싶은 약간 조급함도 생겼는데 지금 해주신 얘기 듣고 마음을 다시 내려놓게 되네요.

그림 그리는 엄마의 시간

내려놨어요? 다행이네요. 저는 그런 조급함이 엄청났거든요. 프리랜서의 비애랄까요. 일이 들어오면 좋고 제안을 거절하면 왠지 끊길 거 같은 조급함과 불안감이 있었어요. 엄마가 되고 일하면서 더 시간 관리 면에서 어려웠던 부분도 있고요. 일러스트레이터로서 엄마로서 일과 육아를 병행하면서 어떻게 시간 관리를 하고 있어요?

따로 작업실 없이 집에서 일하지만, 아이를 어린이집에 보내고 집으로 돌아오자마자 저는 작업실로 출근하는 거라 생각해요. 아이의 등·하원 시간을 제 출·퇴근 시간으로 정한 거죠. 그래서 집에 오면 아침밥 먹고 바로 그림 작업을 시작해요. 아이 하원 전까지 계속 그림을 그려요. 외주가 있든 없든 개인 작업은 꼭 필요하니까 꾸준히 하고 대신 아이가 집에 오기 30분 전에는 쉬는 시간을 가져요. 그림

을 그리다 육아를 바로 하면 체력적으로 너무 지치더라고
요. (웃음)

밤에는 작업을 하지 않나 봐요.

저희 아이가 또래에 비해 잠이 별로 없는 편이에요. 그래
서 늦게 잘 때가 많다 보니 육아로 지쳐서 야간에는 작업
을 거의 하지 않고 있어요.

밀도 높은 시간을 보내고 있네요. 작업이 꽤 일정하게 이뤄
지고 있는데 변주가 있으면 좋겠다는 생각이 들 때가 있을
까요?

현재 하고 있는 작업 시간에는 만족하는데 작업실 없이 집에서만 그림을 그리다 보니 활기가 부족할 때가 있어요. 활기를 찾고 싶다 하는 생각이 들 때가 있죠. (웃음) 아이가 어린이집에 가는 시간이 대략 6시간이라 매일 그 시간에 작업하는 것에 대해선 괜찮다 싶어요.

6시간이면 꽤 많은 시간을 작업에 몰두하는 거라 생각해요.

그렇다고 시간을 많이 쓴다고 해서 결과물도 많이 나오는 건 아니에요. (웃음)

보통 작품 하나 완성하기까지 평균적으로 얼마나 시간이 걸리는 편인가요?

제 작업 시간만 고려해서 보면 빠르게 그리면 이틀 만에 완성하기도 하고요, 평균 3~4일 정도 걸리는 거 같아요.

딸이 지금 4살이라고 했죠? 한참 자기주장이 생길 시기인데 육아에 있어 어려운 점은 무엇인가요? 그림 작업하면서 육아도 병행하는 데 있어 개인적인 고민도 있을 거 같고요.

미운 4살이라 그런지 떼를 정말 많이 쓸 때가 있어요. 그럴 때 상호작용 하는 것이나 정서적 안정감을 주는 것에 대해 고민이 있죠. 아무래도 아이가 떼를 많이 쓰면 저도 스트레스를 받게 되니 어떻게 하면 평정심을 유지해서 아이에게 얘기해줄 수 있을까 정말 많이 고민해요. 때때로 잘 안될 때도 있지만 육아에 있어 요즘 제일 큰 고민이네요. 그래도 조금씩 아이가 말과 행동에 있어 자라는 모습 보면 너무 빨리 크는 것 같은 아쉬움이 생기기도 하죠. 일에 있어서는 남편도 자기 사업을 하다 보니 일이 많을 때는 아이 양육에 어려움을 겪을 때도 있어요. 전시나 페어, 플리마켓에 나갈 경우엔 늦게까지 자리를 지켜야 하는데 그런 경우엔 어떻게 해야 하나 싶기도 하고요.

아이랑 같이 나가는 것도 방법이 될 거예요. 가족여행 가는 것처럼 엄마가 일하러 가는 현장에 아이도 함께 가보는 거죠. 저도 그렇게 하고요.

그렇군요. 개인 작업이 많이 쌓이면 페어를 계획하고 있는데 준비부터 전시 일정까지 5일 정도 돼요. 서울과 원주를 매일 오가는 게 힘드니까 그때 아예 남편과 아이 모두 같이 갈 생각도 있긴 해요. 앞으로도 계속 이렇게 해도 괜찮을까에 대한 염려는 있지만요.

아직 해보지 않은 두려움이겠죠. 같이 경험해보면 알 거예요. 아이에게 어떤 엄마로 불리고 싶어요?

항상 아이에게 최선을 다해 믿음을 주는 엄마이고 싶어요. 뭐든 응원해주면서 아이가 스스로 '나는 사랑 받고 있구나' 느끼면 좋겠어요.

마음에 담은 풍경을 그리는 작업

수풀 님 그림을 보면 원주의 자연이 담긴 장소가 많이 나오잖아요. 개인의 추억이 그림에 담겨 있는 게 아닐까 싶은데 실제 경험인 거죠?

원주를 그린 그림들은 제가 직접 가서 사진으로 찍은 걸 바탕으로 그린 그림이에요. 그렇다고 엄청 큰 추억이 있어서 그린 건 아니지만 아이와 남편과 그곳에 갔을 때 무얼 했는지, 그때 날씨나 온도 등을 다 기억하고 그림에 담긴 해요. 그런 것들이 보는 사람에게도 느껴지는지는 잘 모르겠어요.

저는 그런 마음이 전해졌어요. 저도 원주에서 오래 살았으니 더 공감되는 것도 있을 거고요. 그림을 보며 수풀 님이 자연을 좋아하고 계절의 변화에 대해 풍성한 감각을 갖고 있단 생각이 들었어요.

감사해요. 실제 제가 마음에 담은 풍경과 또 앞으로 계속 보고 싶은 풍경을 상상해서 그리기도 해요.

어떤 곳에 갈 때 그림으로 남기고 싶어요? 팬데믹 때 일러스트를 시작한 거라 여행을 많이 못 가 아쉬움도 있을 거 같고요.

코로나19가 없었다면 여행도 많이 다니고 전시도 다니면서 영감을 더 받을 수 있었겠죠. 그런데 저는 관광지처럼 유명한 곳보다는 잘 알려지지 않은, 사람들이 잘 모르는 마을 같은 곳을 좋아해요. 우연히 가게 된 자연적인 마을이나 시골 동네에서 발견한 아름다움을 그려요.

그동안 외주 작업은 주로 어떤 것들을 해왔어요?

달력이나 책 표지, SNS 카메라 필터에 일러스트 작업들을 했었어요. 엽서나 포스터도 제작했었고요. 굿즈 제작도 해보면서 어느 한 부분에 국한되지 않고 제가 경험해보지 않

은 것들은 앞으로도 다 해보고 싶어요. (웃음)

최근 그림체가 달라졌잖아요. 소녀 감성이 물씬 풍겨요. 어떤
방향으로 새로운 작업을 하고 있는지 궁금합니다.

처음에는 제 취향이나 그림 방향에 대해 깊게 생각하지 않
고 원주의 자연부터 그리자는 마음으로 자연 풍경 위주의
그림들을 많이 그렸었는데요. 작품 활동을 하면서 점점 제
그림체나 방향에 대해 생각이 많아졌어요. 최근에 좀 더
색다르게 그려보고 싶다는 생각이 들어 여러 가지 느낌의
그림을 그려봤고 지금과 같은 그림체로 바꾸게 됐어요. 이
전처럼 자연물을 그리는 방향은 비슷하지만 더 많은 오브
제를 기반으로 더 밝은 분위기의 그림을 그릴 생각이에요.

응원합니다. 수풀이란 작가가 어떻게 사람들에게 인식되길
바라나요?

제 그림을 보면서 그림 속에 있는 장소에 함께 있는 느낌
을 가지시길 바라요. 그림에 담긴 따뜻한 감정이 보는 사
람들에게도 그대로 스며들었으면 좋겠어요.

쓰잘떼기종합상사

조원영

인스타그램

@codreamer002

브랜드 키워드

#1인시민활동가 #커뮤니티

#워크숍 #콘텐츠 #기획자 #꿈

#문화 #N잡러

자녀

1남(2014년생)

인스타그램에서 조원영을 처음 만났을 때 자신에 대한 소개를 적어놓은 이름들이 신선해서 놀랐다. '1인 시민 활동가'라니. 시민 활동을 혼자서 하는 게 어떻게 가능할까? 또한 우리들문제연구소, 쓰잘떼기종합상사, 쓰잘떼기종합대학 등의 이름은 무엇일까? 언어유희가 돋보이는 범상치 않은 그 이름들은 조원영이 만든 회사들인가 궁금했다. 스스로 그녀는 사람들에게 '자신의 직은 1인 시민 활동가요, 업은 Co-dreamer'라고 소개한다. 촘촘하고 다채로운 조원영의 자기소개를 보고 나는 그가 철마다 옷을 갈아입는 나무처럼 때에 따라 자신이 불려야 할 이름을 아는 사람, 사회가 정한 직업으로 자신을 명명하지 않고 지혜와 사유를 통해 자신에게 꼭 맞는 옷을 찾아 입는 사람이라 생각했다.

초등학생인 아들 한 명을 키우는 엄마이자 '1인 시민 활동가'라는 이름에 걸맞게 여러 지역과 기관과 협력하며 다양한 워크숍과 프로그램을 기획, 진행해온 그녀는 에너지가 넘치는 사람이었다. MBTI가 아마도 나와 같지 않을까 하는 마음에 조원영에 대한 내적 친밀감이 혼자 쌓여갈 무렵 나는 제주도에 일주일간 요양 겸 여행을 가게 되었다. 내 인스타그램에 제주에 간 사진과 글을 올렸더니 조원영의 댓글이 달렸다. 내가 거무는 곳과 멀지 않은 곳에 내가 좋아할 만한 곳이 있고, 그곳을 짓고 운옇하는 원장님이 훌륭한 분이니 만나보라는 정보였다. 나와 일면식도 없는 ㅅ-이인데 내가 좋아할 만한 것을 알고, 친절하고 세세하게 소개해주는 사람이라니. 역시 조원영은 나와 같은 성향의 사람이 틀림없었다. 그가 추천해준 대로 찾아간 곳에서 나는 당시 나에게 꼭 필요한 말을 해줄 어른을 만났고 치유를 얻었다. 그 일로 조원영은 나에게 고마운 사람이 되었고, 빠른 시일 내에 만나 우정을 쌓고 싶은 사람이 되었다.

원인동 마을 플리마켓에서 처음 만난 조원영과 그의 가족은 배려심이 많고 낯선 사람들과도 금세 어우러지는 밝은 사람들이었다. 군인인 남편으로 인해 2년여 마다 거주지를 옮겨 다닌다는 조원영은 원주에 온 지 1년밖에 안 된 사람이라고는 믿기지 않을 정도로 지역, 지역민들과 융화되어 있었다.

원주에 이사 온 지 첫 해 때는 아들 준한이가 초등학교에 입학하는 시기이기도 하고 그동안 많은 일들로 지쳐 있던 때라 온전히 1년간 신나게 놀았다는 조원영은 원주에 대한 애정이 가득 차 있는 모습이었다. 원주에서 새롭게 만난 인연들과 마주한 사회문제들을 자신만의 시민 활동으로 풀어나갈 앞으로가 기대되기 충분했다.

원인동 '나만아는' 카페를 운영하는 최민희 대표와 좋은 파트너가 된 조원영은 함께 여러 프로젝트를 기획하고 진행하고 있다. 원주에서 만난 20~30대 친구들과 새로운 경험을 하기 위해 20대 고민 갑부들을 모집해 '2022 인생 올림픽 - 나를 길어 올리다'를 진행했고, 타 지역의 문화기획자들과 연결하는 '행성운동회'도 진행했다. 조원영의 발이 얼마나 넓은지, 그가 갖고 있는 자원이 얼마나 풍부한지, 다른 사람들이 보지 못한 보석 같은 요소들을 얼마나 잘 발견하는지 돋보이는 활동들이었다.

필자도 참석해 무척 만족했던 프로그램은 조원영이 원주시창의문화도시지원센터와 기획해 진행한 '여성기획자 Next Stage in 원주(이하 여넥스)'라는 프로그램이다. '선명하되, 투명한 연결 – 만남과 대화로 서로를 단단히'라는 주제로 진행된 여넥스에서는 10대부터 70대까지 다양한 경험을 지닌 여성 기획자들이 자신들의 이야기를 들려주는 세션이 열렸다. 여넥스 프로그램은 전체 프로그램과 세션별 이동 프로그램으로 구성돼 참석자들을 놀라게 했는데 전체 프로그램의 사회를 맡은 조원영의 모습에서 한 사람의 욕망이 개인으로 그치지 않고 주변 사람, 지역 사회로 확장될 때 얼마나 큰 물결이 될지 마주할 수 있었다. 도시에 새로운 문화적 흐름을 만들기 위해 애쓰는 문화도시 원주의 여성 기획자들을 위한 조원영의 마음 씨앗이 원주로 다른 도시의 사람들을 부르고 또 원주 사람들을 다른 도시로 연결하는 활동으로 확장되었다.

앞으로 2년간 원주에서 계속 거주할 거라는 조원영을 만나 '1인 시민 활동가'로 사는 여러 모양과 꿈에 대해 흥미진진한 이야기꽃을 피웠다.

혼자 또는 함께 내는 사회적 목소리

'쓰잘떼기종합상사'라는 이름은 언제 지은 거예요?

2015년에 지었는데요, 당시 동료들과 연합해서 중간 연결자로 한 고등학교의 진로 축제에 참여하게 됐어요. 그 축제를 준비하는 회의에서 '우리를 뭐라고 표현하지?' 이야기하다가 갑자기 성토대회가 시작됐어요. (웃음) 어렸을 때부터 '쓰잘떼기 없는 짓(?)을 많이 한다'는 소릴 많이 들었거든요. 근데 다들 동감하는 거예요. 나는 그걸로 먹고 살고 있는데 왜 그런 이야기를 듣는 건지 모르겠다 하면서 '우리가 쓰잘떼기가 있고 없고는 사람들이 판단하게 하자. 이걸로 회사를 우리끼리 차리자'고 했죠. 그날로 우리 모두 다 사장이 되자, 월급이 없으면 어떠냐, 어디 가서 직업란에 무직이라고 쓰지 말고 대표라고 쓰자 하면서 취미로 다니는 회사로 만들었어요.

스스로를 대표라고 지칭하고 '1인 시민 활동가'로 활동하는
것에 대한 욕구가 생긴 계기는 무엇인가요?

저에게 '비주헐 노트'가 있거든요? 스케치북처럼 큰 자기
소개용 노트인데요. 원래 저의 직업은 1인 시민 활동가이
고 지금은 직함과 업을 나눠서 직은 '1인 시민 활동가', 업
은 'Co-dreamer'라고 만들었어요. 보통 시민단체에서는
간사들을 코디네이터라고 부르는데 저에게 코디네이터는
잘 안 맞는 것 같고 시민운동을 하더라도 함께 꿈꾸는 일
을 하고 싶다는 마음이 들어서 저의 업을 그렇게 삼았어
요. 나부터 변할 수 있는 뭔가를 하고 싶다는 욕구, 개인이
가진 고민에서부터 사회적인 목소리를 내는 것까지 연결
하고 싶다는 의미를 담았죠.

'1인 시민 활동가'라는 이름에 대해 처음 사람들의 반응은 어
땠어요?

지금은 1인 활동가들도 많아지고 N잡러라는 말도 익숙해
졌지만 제가 1인 시민 활동가라는 이름을 만들었던 때가
2009년인데 그때는 비판적인 반응을 많이 접했어요. 시
민운동 영역에선 '혼자서 하는 게 무슨 시민운동이냐, 조

직에 있어야지'라고 했고 토론회나 어디 프로그램에 참여하면 그 직함을 쓰길 부담스러워하더라고요. 저처럼 활동을 많이 하는 사람들 중엔 그렇게 용어를 사용하니 좋다고 지지하는 사람들도 있었지만 대부분 잘 사용하지 않으려하는 분위기였어요. 그래서 '쓰잘떼기종합상사'라는 이름을 짓고 사용한 거죠.

여러 이름(브랜드)을 갖고 있는데 어떻게 구분해서 사용하고 있나요?

문화 쪽에서 일할 때는 쓰잘떼기종합상사 이름을 많이 사용하고요. 원래 충실히 제 일을 할 때는 1인 시민 활동가로 쓰고 경우에 따라서 다양하게 사용하고 있어요.

이전에는 어떤 일을 했는지 궁금합니다.

대학원에서 북한학을 전공하고 2007~2008년에 평화단체에서 간사로 근무했어요. 단체에서 일할 때는 정말 바빴는데 저는 개인적으로 일하면서 이런 고민을 했었어요. '평화 이슈에 대해 후원 회원들은 이슈를 자기 문제로 생각할까?' 아니면 '우리가 이 사람들 대신 돈 받고 일해 주는 건가?' 하는 정체성을 찾는 데 어려움이 많았고요. 그래서 제가 1년 동안 했던 모든 사업을 정리해보고 스스로의 만족도를 매겨봤어요. 그랬더니 정책 사업이나 무언가 만드는 것엔 관심이 없고 회원 사업에 관심이 많더라고요. 거기에 특화된 일을 해야겠다고 생각하고 단체를 나오게 됐죠.

독립해서 일하게 되면서 어떤 부분을 변화시키고 싶었어요?

그때 내걸었던 슬로건이 '100만 원의 후원보다 한 번의 진정한 참여가 낫다'는 거였어요. 어떤 이슈를 갖고 사람들이 행동하는 건 그 문제가 정말 자기 문제처럼 다가올 때라고 생각해요. 1인 시민 활동가로 처음 한 활동이 북에서 온 친구들과 영어캠프를 하는 거였는데, '탈북자의 문제'로 다가서는 것보다 이들과 관계를 형성한 다음 '내 친구 누구의 문제'라고 하면 관점이 바뀌는 것 같더라고요. 그

래서 먼저 친구를 만들어줘야겠구나 하는 생각을 하게 됐
죠. 그런 부분을 많이 신경 쓰면서 기획했던 거 같아요. 어
떤 문제를 먼저 드러내기보다 관련된 사람들과 관계를 형
성하고 그 기반 위에서 자기 일처럼 접근할 수 있도록 하
는 거죠. 소수여도 그게 더 오래 간다고 생각했어요. 확실
히 자기 문제처럼 생각하면 나도 함께하겠다는 이야기가
자연스럽게 나오니까요.

N잡러 엄마

준한이가 2014년생이니 엄마가 되고 나서의 변화가 있었을
텐데 원영 님은 어땠어요?

많은 변화를 겪었죠. (웃음) 2012년 정도부터 활동의 폭이
바뀌면서 일이 많이 들어왔었어요. 새로운 기회가 자꾸 생
기는 것에 신기하고 즐겁기도 했지만 너무 갑자기 바빠지
는 것에 대한 걱정도 했죠. 당시 제가 유산을 세 번이나
해서 아이에 대한 기대를 내려놓은 때였는데 갑자기 아이
가 생긴 거예요. 아이도 생겼으니 좀 쉬자 했는데 마음처
럼 되지 않았고 아이 태어나고 50일 경부터 나가서 일해
야 하는 상황이 많아졌어요. 그 해에 세월호 참사가 일어
나서 멈출 수 없는 순간들이 많았거든요.

아이가 태어난 해에 세월호 참사가 있어 아이 돌보랴 일하랴
바빴겠어요.

제가 2013년에 안산의 '자바르떼'라는 곳과 청소년 프로그
램을 계획했었는데 단원고 앞에 있는 단체였거든요. 그래
서 참사 소식 듣고 충격이 컸죠. 어쩌면 내가 만났을지도
모르는 아이들이라고 생각하니 더 크게 와닿았던 거 같아
요. 그때 학교에서 제안하는 프로그램도 많아서 뿌리치지
못하고 오히려 더 열심히 했었어요. 다행히 저희 이모가
준한이를 적극적으로 봐주셔서 이모 집에 아이 맡기고 청
소년 캠프 다니고 그랬었어요.

몸과 마음 모두 쉽지 않은 시간이었겠어요. 아이 돌잔치가
특이했다고요? 어떻게 돌잔치 했었는지 얘기해주세요.

저희가 '같이 기부 돌잔치'를 했는데요. 일부러 참석자 분
들께 다른 돈을 받지 않고 3만 원 정도만 내시라고 하고 돌
잡이를 할 때 어린이 단체 중 도움이 필요한 곳 3곳을 추천
받아 이름을 써놨어요. 그중 준한이가 선택한 곳에 참여자
분들 이름으로 기부했죠. 친분이 있던 카페에서 대관도 저
렴하게 해주셨고 친한 뮤지션들이 공연도 해줘서 즐겁게
돌잔치를 했던 기억이 있어요. 사람들도 이런 돌잔치가 있
구나 하고 좋아했고요.

원영 님은 아이가 태어나고 활동의 영역이 더 확장된 셈인
가요?

확장됐다기보다 전보다 조금 더 깊이가 생긴 것 같고 그냥
지나치지 못하는 부분이 더 많아졌어요. 예전에는 아이들
만 보였는데 이젠 그 아이의 부모님들의 마음도 조금씩 보
이기 시작했고 학교에서 무리한 조건을 내세워도 아이들
봐서 가고 참게 되는 부분도 생겼고요.

프로젝트 베이스로 일하다 보니 여러 일로 바쁘잖아요. 일
과 육아를 양립하는 데 있어 자신만의 기준과 방법은 무엇
인가요?

공동육아를 하면서 영향을 받게 된 게 큰데요. 이전까지는 아이와 나의 인생이 분리되어 있다고 생각하고 제 일이 더 중요하다고 생각하며 살았어요. 그런데 어느 순간 마음 한편이 허한 느낌이 들더라고요. 그때 너무 제 일에 빠져 있어서 아이와 보낸 시간이나 애정이 부족해서라는 걸 발견했어요. 준한이가 여섯 살 때 공동육아를 했는데 그때부터 천천히 아이와 친해지는 법을 배우고 익히기 시작했어요. 아이가 스스로 할 때까지 기다려주고 관찰하고 대화하는 법 등을 배우면서 저도 성장한 거죠. 결국 나는 우리 가족과도 잘 지내면서 내 일도 잘하고 싶은 거니까 아이와 시간을 보낼 때는 온전히 그 시간에만 집중하면서 균형을 갖추려고 노력했죠.

요즘 원영 님의 하루 루틴은 어떻게 돼요? 아기 방학이라 개학하면 또 달라지는 부분도 있겠고요.

루틴이 정해져 있는 건 아니고요. 아이 방학 기간이니 둘 다 늘어져 지내고 있어요. (웃음) 출근하듯이 '나만아는'에 오기도 하고 어디 장소 정해서 강릉이나 강원도 인근에 다녀오기도 하고요. 개학하면 아이 학교 가는 시간에는 제 일을 하고 하교 후 퇴근하듯이 집에 가서 저녁을 함께 보내죠.

원주에서 지속하고 싶은 일

원주에 와서 하게 된 활동은 어떤 것들이 있나요?

아이 초등학교 입학하면서 작년 1년은 같이 쉬면서 원주에
서 신나게 놀았어요. (웃음) 그러면서 원주에서 하게 된 활
동으로 20~30대 청년 활동가, 기획자들을 다른 지역과 연
결하는 작업을 하고 있어요. 또 20대부터 70대 어르신들
까지 문화 영역에서 활동하는 분들을 세대 간 연결하는 작
업도 시작했고요. 지금 살고 있는 원주에 애정이 생겨서
도시를 새롭게 기록하는 문화를 만들어보고 싶어 탐사하
는 일을 계획 중에 있어요.

지금 저희가 인터뷰하고 있는 '나만아는' 카페'와는 어떻게 인
연이 된 거예요?

처음에는 인스타그램 보고 원주의 이곳저곳을 다니다 찾
아오게 됐어요. 마을 한가운데 2층짜리 건물로 되어 있는
카페가 독특해보였고요. 그런데 처음 여기 왔을 때 준한이
가 '엄마 여기 사장님하고 엄마하고 친해질 것 같아'라는
말을 하더라고요. (웃음) 왜 그렇게 말했는지는 모르겠는
데 커피도 맛있고 동네도 특이한데다 우리 집과도 가까워
서 자주 오게 됐죠. 세 번째 왔을 때 나만아는 사장 민희 씨
가 저보고 뭐하는 분이냐고 묻더라고요. 그렇게 서로 이야
기 나누면서 친해졌고 제가 그동안 공간 베이스로 활동해
왔다는 것을 여기 와서 다시 발견하게 됐어요. 이 공간을
통해 새로운 분들도 많이 만났지만 알던 사람들도 요즘은
초대를 할 수 있게 되고 도움을 엄청 받고 있죠.

그동안 해온 활동 중에 기억에 남는 활동은 무엇인가요? 앞
으로 계속하고 싶은 활동도 궁금합니다.

워크숍이라는 표현 대신 '플레이숍'이라는 표현을 사용하
는데요. 말 그대로 놀이 형식으로 진행하면서 주제에 대해
자기 생각을 내놓고 의견을 조합하고 함께 만들어보는 프
로그램이에요. 이건 사람이 바뀔수록 경험치가 많이 쌓이

고 프로그램도 발전되기 때문에 지속하고 싶은 활동이에요. 그동안 여러 개 활동을 했던 것에서 요즘은 그걸 합쳐서 하나의 맥락으로 만들어보는 실험을 하고 있는데요. 그 중 하나가 '인생올림픽'이에요. 제가 진행하는 프로그램은 모두 자기 자신을 정리해보고 기록하는 게 기본이에요. 나에 대해 먼저 안 다음 주변 사람, 서로에 대해 파악하고 그 다음에 세상에 던질 메시지를 만들어가는 형식이죠. 토크쇼 형식의 강의도 의미 있던 프로젝트로 기억 남고요. 개인이 꿈을 꾸는 권리를 찾아주는 시민 활동가도 필요하지 않나? 하는 생각으로 그 부분에 집중해왔던 거 같아요.

끊임없이 탐구하는 모습이 원영 님의 자산인 거 같아요. 준한이에게 어떤 엄마로, 또 사람들에게 어떤 브랜더로 인식되고 싶은가요?

준한이에게 재미있는 엄마로 기억되고 싶어요. 새로운 경험을 하고 새로운 사람들을 만나게 해주는 게 제가 잘하는 거니까요. 최근 준한이가 엄마가 했던 작업에 대해 관심을 가져준 적이 있었는데 둘이 함께 프로젝트를 해봐도 좋겠다 싶었어요. 나중에 준한이가 청소년이 됐을 때 친구들에게 엄마가 하는 프로그램을 추천해주는 아이로 자랐으면 좋겠어요. 동료 같으면서도 늘 도움 받을 수 있는 어른 같기도 하면서요. '쓰잘떼기종합상사'는 사실 페이퍼 컴퍼니니까요. (웃음) 시민운동 처음 할 때 '나는 나를 위해서 일한다'는 말을 많이 했는데 계속 나를 위한 일을 시도할 거예요. 어떤 일을 하겠다고 계획을 세워도 그것대로 된 적이 별로 없기도 하고요. (웃음) 누굴 만나느냐에 따라 새로운 일이 계속 만들어지기 때문에 언제 어디서든 누군가를 만나면 뭔가 재밌는 일을 할 수 있겠지 생각해요.

러블비비소리공방

정여진

인스타그램

@pf_lovelybibi

블로그

blog.naver.com/pfyeojin

브랜드 키워드

#피아노조율사 #음악 #악기 #강사

#피아노연주 #소리 #공방

자녀

3남(2007년생, 2009년생,

2015년생)

나이가 들어갈수록 하나의 꿈을 이루기 위해 한 길을 걷는다는 것이 말처럼 쉽지 않다는 것을 절감한다. '1만 시간의 법칙'이란 말처럼 어떤 일에 능숙해지기까지는 훈련의 시간이 필요하고, 그것을 나의 '일'로 만들어내기까지는 더 많은 시간을 필요로 한다. '러블비비소리공방'의 정여진은 25년이 넘는 긴 시간 동안 '피아노'라는 한 길을 묵묵히 걸어온 사람이다. 처음에는 피아노를 배우고 싶던 어린 학생으로 시작해 재능을 인정받은 전공생에서 연주가로, 강사로 자신의 커리어를 쌓더니 현재는 국가공인 1급 피아노조율사이자 사단법인 한국피아노조율사협회 소속의 '여성조율사'가 되었다.

정여진의 첫인상은 가녀린 소녀상이었는데 아들이 셋인데다 첫째와 둘째는 모두 청소년이라는 말에 놀랐고 직업을 들었을 때도 피아노 강사이자 조율사라는 말에 놀랐다. 그의 말을 듣고 동갑내기 아들을 키우는 엄마이자 같은 여성으로서 내가 어떤 선입견을 갖고 있던 것인지 화들짝 놀라 부끄러워졌던 기억이 난다. 그래도 그 신선한 충격으로 이 인터뷰가 이뤄질 수 있었다.

'러블비비소리공방'은 정여진이 자신의 명함으로 만든 브랜드명이자 운영 중인 온라인 블로그명이다. 인스타그램도 하고 있지만 블로그를 통해 피아노

조율사의 작업일지와 일상을 공유하고 있다. 소리공방은 말 그대로 소리를 만드는 곳이란 의미를 담았고, 러블비비는 정여진의 세례명과 이미지를 담은 닉네임이다. 제법 긴 이름이지만 발음하다보면 음률이 느껴지기도 해 정여진의 소녀 감성과 아름다운 피아노 소리로 채워질 공간의 이미지가 잘 어우러진다. 실제 정여진은 머지않아 자신만의 소리공방을 열 꿈도 갖고 있다. 피아노를 연주하고 가르치는 것만으로도 바빴을 일상인데 조율이라는 새로운 길을 선택한 이유에 대해 정여진은 "피아노 소리나 구조에 대해 아무것도 모른 채 피아노를 연주하는 게 답답해서 피아노 즈율을 시작하게 됐다."고 말했다. 그의 대답을 듣고 나는 속으로 좀 놀랐다. 정여진은 '답답함'이라고 말했지만 피아노를 연주하다 피아노의 소리가 어떻게 구성되는지, 피아노는 어떤 구조를 갖고 있기에 이런 소리를 내는 것인지 알고 싶어지는 건 좀처럼 큰 호기심과 열정이 아니고서는 연주에서 조율이라는 새로운 길로 방향을 트는 게 쉽지 않을 거라 생각했기 때문이다.

'피아노 조율사'와 만나 인터뷰를 하는 건 나도 처음 있는 일이라 순수한 호기심으로 도구, 피아노의 구조, 조율 방법 등에 대해 하나하나 세세하게 물어보았다. 정여진은 귀찮아하거나 지친 기색 하나 없이 조목조목 나의 질문에 빠짐없이 대답해주었다. 그의 말을 다 알아들을 수 없었지만 분명한 건 그녀가 '조율사'란 자신의 직업에 만족하고 있다는 것, 정진하기 위해 매일 자신을 단련하고 있다는 것, 그리고 무엇보다 피아노를 진심으로 사랑한다는 것이었다.

그동안 집에서 피아노 레슨을 해왔던 정여진은 최근 피아노 방을 새롭게 단장하고 그랜드 피아노를 마련했다. 그리고 피아노 방 바로 뒤에는 열두 살 무렵 아버지가 사주신 정여진의 첫 피아노로 어릴 때부터 줄곧 쳐왔던 소중한 업라이트 피아노가 놓여 있었다. 정여진이 사랑하는 피아노인 만큼 주기적으로 소리를 점검해서일까 오래된 업라이트 피아노에서는 여전히 곱고 맑은 소리가 났다. 피아노를 알수록 피아노가 더 좋아졌다는 정여진을 만나 세 아들을 키우는 엄마로서 사는 일상과 프리랜서 강사이자 조율사로 하는 일에 대해 이야기를 나눴다.

피아노 조율사의 길

실제로 여성 조율사를 만나는 건 처음이에요. 정확하게 피아노 조율사가 하는 일에 대해 설명해주세요.

많은 사람들이 '조율'이라고 하면 피아노 음을 맞추는 거라고 단순하게 생각해요. 그렇지 않아요. 우리가 기타의 음을 맞출 때 튜닝한다고 하지 수리한다고 하지 않잖아요. 그것처럼 조율은 음만 맞추는 거고요. 아까 제가 건반을 눌러 해머를 쳐서 소리가 나는 것을 보여드린 것처럼 소리의 터치 등 깊은 구역까지 확인하는 작업이 조정, 정음이에요. 조율사라고 표현은 하지만 실질적으로는 조율과 조정, 정음이 함께 어우러져야 해요. 이 세 가지가 균형을 이뤄야 비로소 조율이 완성됩니다.

그렇군요. 처음 듣는 용어라 신기해요. 저도 피아노 조율하면 단순히 소리 나지 않는 건반이나 둔탁한 소리를 조율하는 것으로만 생각했거든요.

저도 처음엔 몰랐어요. 조율사 공부를 하면서 알게 된 거죠. 유명한 피아니스트들은 일반 연주가에 비해 소리에 민감하다 보니 세심하게 체크하죠. 그리고 또 피아노는 나무로 만들어진 데다 계속 움직이는 거라서 음의 변화가 생겨요. 습하거나 건조하면 나무가 변하니까 소리도 변하고요. 원래 있어야 되는 자리에 있지 않는 것을 바로 교정해주고 음의 높낮이도 보고 폭도 봐야 하죠.

정말 세심하게 여러 가지를 고려해야 하는 정밀한 작업이네요. 조율사 중에 우리나라에서 유명한 이종열 명장님도 계시잖아요. 어느 정도 전문가가 되면 명장이라고 부르는 기준이 있나요?

한국피아노조율사협회에서는 조율 경력이 오래되고 교육적인 면에서 기여 많이 하신 분들을 고문님이라고 부르고요. 명확한 기준이 있는 건 아니에요. 명장님은 우리나라에 두 분 계세요. 이종열 명장님과 유구영 명장님이요.

그렇군요. 그러면 조율사의 세계에서도 사제지간을 지칭하는 용어가 따로 있나요? 여진 씨의 경우는 어때요?

내 제자, 애제자라고 표현하는 분들이 계시긴 해요. 보통 조율사 분들이 주로 서울에서 많이 활동하고 계세요. 잘하는 분들도 많고요. 그런데 저는 지방에 살다 보니 제자 삼는 것에 한계가 있죠. 선생님 따라다니면서 배우고 그래야 하는데 할 수 없는 부분들이 많으니까요.

그런 한계 때문에 조율사로 일하면서 혹 서울로 이사 가고 싶은 마음은 없었어요?

단순히 가고 싶다는 마음으로 갈 수 있는 문제가 아니니까요. 현실적으로 남편 직장, 아이들 학교 문제도 있고 저희는 가족이 많아서 방이 꼭 3개나 4개는 있어야 하는 기준에 맞추다 보니 여기에 안주하는 거죠. 이번에 인테리어 하면서도 전체를 다 바꾸면 제가 원하는 인테리어가 나올 수 있지만 돈도 많이 들고 가족 모두 어디 가 있어야 해서

부분만 진행하는 것처럼 인생도 비슷한 거 같아요.

맞아요. 이상과 현실은 다르니까요. 여진 씨는 언제 피아노를
처음 배웠어요?

초등학교 1학년 무렵부터 배웠는데요. 제가 2학년 때 원주
로 이사를 왔는데 주택가여서 주변에 피아노학원이 없어
서 다니지 못하다가 3학년 때 아파트로 이사 가면서 피아
노학원이 근처에 있었어요. 그런데 엄마가 안 보내주는 거
예요. 엄마에게 떼를 부리진 않았는데 피아노학원에 가고
싶으니까 위층 사는 여자아이가 학원 갈 때 따라갔어요.
그 학원 선생님이 알고 보니 저희 아래층에 살고 계셨는데
제가 매일 학원에 오니까 어느 날 저희 엄마께 말해서 그
때부터 학원을 다녔던 기억이 나요.

저라면 엄마에게 학원 보내달라고 떼썼을 거 같은데 착한 딸
이었네요. (웃음) 저기 있는 업라이트 피아노는 아버지가 사
주신 거라고요.

네, 초등학교 5학년 때였던 거 같은데 그때 아빠가 피아노
를 사주셨어요. 지금은 하늘나라에 계신 아버지가 주신 선
물이라 더 소중하고 또 당시 기억나는 게 아빠가 오빠한테
는 486 컴퓨터를 사주고 저에게는 피아노를 사주신 거예요.

486 컴퓨터요? 그 컴퓨터는 이미 사라진 지 오래 아닌가요?
(웃음)

말만 들어도 너무 웃기죠. 486 컴퓨터는 사라진 지 오래
죠. 그런데 이 피아노는 저에게 '아낌없이 주는 나무' 같은
존재예요. 피아노를 가지고 어렸을 때는 놀았고 전공도 하
고 조율도 하게 됐으니까요. 만약 그때 아빠가 피아노를
사주지 않으셨더라면 지금까지 피아노를 쭉 하기 어렵지
않았을까 생각해요.

피아노가 정말 소중한 존재네요. 대학에서 피아노를 전공하
고 가르치는 일을 하다 조율은 언제부터 공부했어요? 왜 조
율을 하게 됐는지도 궁금해요.

조율은 2017년부터 배워서 5년 넘었네요. 피아노를 전공
하고 가르치긴 했지만 어느 날 피아노 소리나 구조에 대해
아무것도 모른 채 피아노를 연주하는 게 답답하더라고요.
그래서 피아노 조율을 시작하게 됐어요.

삼형제의 엄마로, 남편의 아내로

피아노에 대한 열정이 정말 대단한 것 같아요. 세 아들을 키

우는 엄마로서 집에 피아노가 있고 엄마가 피아노를 치는 사람이니 아이들도 영향을 받았을 거 같은데, 아이들을 직접 가르치기도 했나요?

네. 세 아이 모두 제가 피아노를 가르쳤는데 첫째와 둘째의 경우 한편으론 저한테 안 배웠으면 더 잘했을 텐데 제가 너무 고집을 부린 것도 있죠. (웃음)

엄마가 가르쳐줘서 아들들은 더 좋았을 수 있죠. 가르칠 때 여진 씨는 어떤 모습일지 궁금하네요.

아무래도 제 아이들이니까 일반 학생에 비해 가르칠 때 집중도가 떨어졌던 부분이 있어요. 잘 가르치고야 싶은데 엄마라서 그런 것 같아요. 밖에서 일하고 집에 오면 집안일 할 게 눈에 보이고 아이 가르치는 데 집중이 잘 안 되더라고요. 그래서 저희 아이들은 제가 가르쳐서 망한 케이스예요. (웃음) 학원 보냈어야 되는데… 아이들이 혹할 정도로 잘했어요. 처음 배우는 시기에는 악보를 한 줄씩 보는 것도 힘든데 두 줄씩 볼 정도였거든요. 그때 좀 더 경제적으로 여유가 돼서 학원이나 다른 선생님께 배우게 했으면 더 좋았을 걸 싶죠. 그런데 또 막내는 지금 집에서 피아노 배우는데 엄마랑 노는 게 좋지 피아노 배우는 걸 좋아하는 건 아니에요. 어쨌든 배우는 건 힘드니까 엄마라 더 투정

부리고 그래서 오래 걸리고요.

지금도 젊은 엄마긴 하지만 첫째 낳았을 때 20대 초반이었
잖아요. 20대 때 엄마가 되어 육아했을 때의 감정과 지금은
많이 달라진 부분도 있을 것 같아요.

아무래도 그때는 그냥 내 삶이 없잖아요. 지금이야 어렸다
고 생각하지만 그때는 사실 제가 어린 줄도 몰랐어요. 그
냥 이게 당연한 거라 생각하면서도 내 주위에 엄마가 된
나를 공감할 수 있는 친구가 없다는 게 제일 힘들었어요.
그리고 저희가 경제적 능력이 부족한 상태에서 결혼했기
때문에 늘 경제적인 것에 부딪혔던 거 같아요. 지금 이렇
게 보면 얼마나 예쁜 게 많아요. 아이한테 해주고 싶은 것
도 많고요. 그런데 그때는 하고 싶은 거, 먹고 싶은 거, 사
고 싶은 것들을 내 맘대로 할 수 있는 게 없었죠. 육아 스트
레스가 쌓여도 돈으로 풀어야 하니까 그저 애가 웃어주는
것으로 버텼던 거 같아요.

그때는 정말 모든 게 낯설고 어려웠을 거 같아요.

그랬던 거 같아요. 그때 애들 진짜 너무 예뻤거든요. 더 사
랑해주지 못한 게 지금 생각하면 미안하지만 그때는 아이
들, 신랑이 제게 해주는 말 그런 것들이 저에게 전부였어

요. 지금은 경제적으로 더 나아지긴 했지만 아이들이 빨리 커버리니까 아이들 키우는 게 제일 힘든 부분이에요. 아이들이 저와 오롯이 지내는 시간이 얼마 안 남았다는 걸 느끼거든요. 그래서 더더욱 아이들과 좀 더 시간을 보내려 하고 아이들 시선에 하나하나 맞춰주려 하는데 쉽진 않아요.

아들만 셋이고, 첫째 둘째는 사춘기라 여진 씨가 엄마로서
더 어려운 부분도 있을 거 같은데 어때요?

어떨 때는 아이들 행동이나 말에 상처받기도 해요. 그런데 엄마가 대하는 마음을 아이들이 알더라고요. 아이들이 조금 더 어렸을 때부터 청소나 정리하는 법을 가르쳐주고 시켰었어요. 남자아이들이라 워낙 정리하는 게 잘 안 되긴 하지만 그래도 엄마가 힘들다, 밥 먹고 설거지 정도는 너희가 할 수 있지 않냐 하면 설거지도 하고 청소도 해요. 제가 원하는 만큼 잘 되는 건 아니지만 아이들 나름 애쓰더라고요. 막내는 아직 어리니 엄마랑 뭐든 하고 싶어 하지만 첫째, 둘째는 엄마랑 안 하고 싶어 해요. 그래서 아이들에게 친구 같은 엄마, 좋은 엄마로 다가가는 게 지금 저의 가장 큰 숙제기도 하죠.

저도 같은 아들을 키우는 입장이라 그런가, 아직 지나본 적
없는 시간을 들으며 조금 울컥해지네요. 커리어에 있어 엄마

가 되기 전과 후의 변화는 어땠어요?

사실 저는 대학생에서 바로 엄마가 되었으니 커리어 여정
에서 엄마가 되기 전과 후의 변화는 없었어요. 물론 그래
서 더 이렇게 제 일에 매달리게 된 것일 수 있죠. 일을 선택
하는 데 있어서도 나만 생각하는 게 아니라 아이를 위해서
바라보게 되고요.

현재이자 꿈, 러블비비소리공방

여진 씨 얘기를 들으면서 어린 나이에 아버지의 부재나 엄마
가 된 일 등 굵직한 서사가 많았잖아요. 그런데 그 일들을 관
통해서인지 어떤 단단함과 강인함이 첫인상 때부터 느껴져
서 제가 여진 씨에게 매력을 느꼈던 거 같아요. 정성스럽게
자신의 삶을 가꿔온 티가 나요.

'자기를 가꾼다'는 말 되게 듣기 좋네요. 말하고 나니 저도
개운해요. 그리고 음악에 치유의 힘이 있잖아요. 진아 씨도
글을 쓰니 느낄 거고요. 시를 보면 되게 아름답더라고요.

예술이 주는 힘이 분명히 있죠. 아이들 셋을 키우면서도 강
사로 수업도 나가고 레슨도 하고 조율도 하고 바쁘잖아요.
일에 욕심이 있는 편인 거 같아요.

육아를 하면서도 내 일도 하고 싶었어요. 세상이 어떻게
될지 모르니까 나만의 보험(?) 같은 게 필요하다 생각했던
거 같고요. 뭔가를 계속해야 안심하는 성향인 거 같아요.
피아노 치면서도 조율도 하고 내가 더 나이가 들어서도 할
수 있는 일을 자꾸 찾게 돼요.

저도 그런 면이 없지 않아 있어요. (웃음) 지속할 수 있는 일

이 있어야 안심이 되기도 하죠.

맞아요. 엄마가 혼자서 저랑 오빠를 키우는 게 쉽지 않았던 걸 보고 자라서 그런 거 같기도 하고요. 그래선지 저는 어렸을 때부터 제 일을 해야겠다는 생각을 놓친 적이 없었어요. 신랑은 반대로 맞벌이 하는 부모님 아래서 자라서 아내는 전업주부였으면 했는데 이젠 아이가 셋이니 집에서 안주하고 있을 수가 없죠. (웃음)

지금 하는 일들은 어떻게 루틴이 이뤄지나요?

일단 학교에서 피아노 방과후 수업하는 일이 커요. 주 3일씩 나가는데 계약직이긴 하지만 1년 단위로 고정적으로 수업하고 있으니까요. 이 틀을 기반으로 오전 수업에 요청이 들어오면 나가기도 하고, 나머지 시간에 조율 의뢰가 들어오면 하고 있어요. 올해는 제가 학교 수업을 3일로 다 몰아놔서 아예 통으로 하루가 비는 날도 생겼어요. 그럴 때 저도 집안일을 하거나 여가 시간을 보내거나 조율 교육을 들으러 가기도 하죠. 아이들이 아직 어리니까 휴일에는 일하지 말자고 스스로 다짐해서 평일에 바쁜 편이에요.

아이들에게 어떤 엄마로 인식되고 싶어요?

꿈을 향해 노력하는 엄마로 인식해줬으면 좋겠고, 따뜻하고 사랑이 많은 엄마로 느껴줬으면 해요. 엄마로서의 역할을 다하면서 내 일도 하는 건 두 마리의 토끼를 잡는 것과 마찬가지라 쉽지 않지만 그래서 더 노력해요.

'러블비비소리공방'의 앞으로의 계획과 꿈도 이야기해주세요.

다소 느리지만 멈추지 않고 꾸준히 노력하는 브랜더가 되고 싶어요. 형식적으로 들릴 수 있겠지만 앞으로의 계획은 늘 노력하는 조율사로 피아노 하면 떠오르는 사람이 되는 거예요. 노력도 재능이라고 하더라고요. 특별하지 않더라도 꾸준한 노력으로 피아노 소리에 빛을 비추는 조율사가 되고 싶어요.

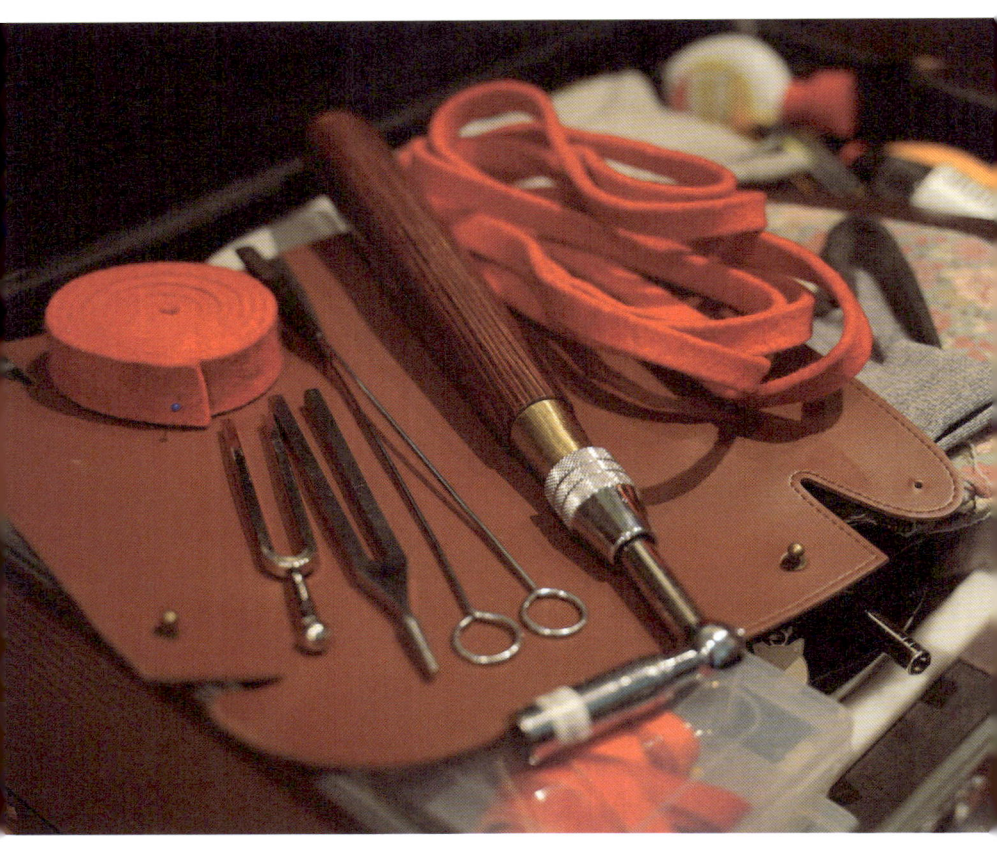

그림책엄마

김은화 김진아 이재윤

인스타그램

@picturebookmommy

브랜드 키워드

#그림책 #커뮤니티 #공부 #소모임

#네트워크 #프로젝트

자녀

김은화 : 1녀(2011년생)

김진아 : 1남(2010년생),

1녀(2012년생)

이재윤 : 1남(2008년생)

1녀(2010년생)

리본

시작 Before
다음 After

벤의 트럼펫
라파엘 에사도라 글·그림 비비에 옮김

마리루 바탕유
10

마리루 바탕유
10

깃털과 단어

2017년 4월에 개설된 네이버카페인 '그림책엄마(https://cafe.naver.com/picturebookmommy)'는 카페 소개 페이지에 '그림책엄마는 그림책으로 마음의 양식이 되는 수다를 나누는 모임으로, 그림책을 통해 서로가 지닌 삶의 방식을 공유하고, 그림책을 도구로 삼는 양육기술이나 놀이기술은 사양하며, 그림책의 예술적 가치를 삶으로 받아들이는 인문예술교육을 꿈꾼다'고 소개하고 있다. 2022년 현재 김은화, 김진아, 윤혜경, 이재윤, 최지혜 다섯 명으로 구성된 그림책엄마는 앞서 말한 모임의 정신을 서로 존중하며 끈끈한 동료애를 쌓아가고 있다.

'그림책을 좋아하고, 그림책을 공부하는 엄마'라는 공통점으로 모인 이들은 모두 원주의 그림책 공동체인 '패랭이꽃그림책버스' 그림책교실 과정 수료생들이다. 그렇다고 '그림책엄마'가 패랭이꽃그림책버스 수료생들로만 가입에 제한을 두는 건 아니다. 2017년에 우연히 패랭이꽃그림책버스를 통해 만난 김은화, 윤혜경 두 사람이 지속적인 그림책 공부 모임을 이어가고 싶은 욕구에서 출발한 모임인데, 어쩌다(?) 보니 이후에 세 사람도 패랭이꽃그림책버스에서 그림책교실 과정을 수료하고 '그림책엄마'에 합류하게 된 것이다.

결국 취향과 마음, 이들을 둘러싼 환경과 결이 맞았기 때문에 다섯 명이 자연스레 하나의 모임으로 만나게 된 것이리라.

다섯 명 모두 통하는 게 많은 사이긴 하지만, 서로 다른 고유한 개인이며, 삶에서 가장 우선순위에 있는 '엄마'라는 책임이 있기 때문에 이들의 모임이 여느 커뮤니티와는 다른 색을 띠고 있는 건 분명하다. 이번 인터뷰에 응해 달라고 요청했을 때도 다섯 명 모두가 동의한 건 아니다. 그것은 본래 커뮤니티가 갖고 있는 특징 중 하나이므로 인터뷰어의 입장에서는 응당 각자의 의견을 존중했고, 인터뷰 취지와 일정에 동의한 세 사람(김은화, 김진아, 이재윤)을 만나 '그림책엄마'에 대한 이야기를 나눌 수 있었다.

6년째 지속적으로 그림책 스터디 그룹을 꾸려오고 있는 '그림책엄마'는 그림책뿐 아니라 그림책 관련 이론 서적, 일본 원서 그림책 등도 함께 읽고 이야기를 나눈다. 또한 구성원들의 재능을 발휘해 그림책과 예술교육, 필라테스, 북아트, 큐레이션, 어린이 독서모임 등 다양한 분야로 확장해가고 있다. 2020년 원주에서 열린 그림책 축제에서는 '전국 그림책 활동가 네트워크 행사'를 기획, 진행했으며 2021년 개관된 원주시그림책센터 일상예술에서 '어린이와 일상예술'이라는 주제로 그림책 큐레이션 전시를 했다.

단순히 그림책을 공부하기 위해 모이는 스터디 그룹이라기엔 이들의 활동 영역이 전문적이고 모임의 활동 무대가 넓어질수록 개인의 역량 또한 함께 성장하는 것을 볼 수 있었기에 이들을 《엄마의 브랜드》 인터뷰로 정했다. 혼자가 아닌 함께여서 할 수 있는 일, 누구든 커뮤니티를 시작하는 것이 어렵지 않고, 그 커뮤니티가 하나의 브랜드로써 기능할 수 있다는 것을 나는 '그림책엄마'가 걸어온 길을 보며 확신했다.

이번 인터뷰에서는 이 모임을 만든 김은화, 남편의 직장 일로 미국으로 2년간 떠나는 김진아, 패랭이꽃그림책버스에서 3년째 운영진으로 활동 중이자 일본 그림책 큐레이터로 바쁜 일상을 보내는 이재윤 세 명의 멤버들과 '그림 책엄마'의 시작과 현재, 앞으로의 계획에 대한 이야기와 또 각자의 서사를 긴히 나누었다. 각자의 일정과 시간 상 인터뷰 시간 내내 세 명이 모두 함께 이야기를 나눈 것은 아니지만, 내용 편집은 가독성을 위해 한 질문에 대한 이들의 답으로 구성했음을 밝힌다.

그림책과의 만남, 우리의 시작

'그림책엄마'를 처음 김은화 선생님이 만든 거로 알고 있는데요, 현재 다섯 명의 멤버가 구성된 과정은 어땠나요? 어떻게 만나게 된 건지 궁금해요.

은화 '그림책엄마'가 시작된 건 그림책 스터디 모임에 참여하고 싶은데 마음에 드는 데를 못 찾았다는 얘기를 우연히 혜경 선생님과 나누면서부터였어요. 그때 저도 제 그림책 세계에 한창 빠져 있었고, 혜경 선생님도 그림책에 대해 관심과 에너지가 많을 때였거든요. 그림책 스터디 모임을 그냥 만들어도 될 거 같다는 말을 꺼냈더니 혜경 선생님이 언제 만들 거냐 물었고, 그럼 그냥 둘이 할까요? 해서 시작된 게 2017년 3월이었어요.

진아 서로에 대해서 잘 알지 못하는 사이였는데도요? (웃음)

은화 그렇게 서로에 대해서는 잘 알지 못했지만 둘 다 아무렇지도 않게 그냥 우리가 같이 뭘 하면 재밌겠다는 생각이 있었던 거 같아요. 그냥 재밌기만 하면 되지 뭐, 하는 거요.

재윤 제가 생각하기에 패랭이꽃그림책버스는 어느 정도 역사가 있는 단체니까 그곳에서 우리가 뭘 하겠다 해도 조직 구성원이 아닌 상태에서 하기엔 제약이 있으니까 그런 부분에 갈증이 있던 두 분이 '그림책엄마'를 시작하게 된 게 아닐까 싶어요. (웃음)

그럼 나머지 세 분은 어떻게 모이게 된 거예요?

재윤 그동안 멤버가 몇 번 바뀌었는데 초창기 멤버가 김은화, 윤혜경 선생님 두 분이고, 저랑 진아, 지혜 선생님은 나중에 합류하게 됐어요.

진아 당시 저희 동기생이 다섯 명밖에 없었어요. 다른 기수에 비해 사람이 적었고 1년 교육에 대한 수강료도 냈었죠.

재윤　그때가 2017년이었는데 패랭이꽃그림책버스 그림책교실 수강생 모집 공고를 보고 지원하게 되었어요. 1년 과정의 수강료가 필요했지만 문제되지 않았어요. 그래선지 배움에 대한 마음가짐이 달랐던 것 같아요. (웃음) 사실, 그거 중요한 거거든요.

진아　맞아요. 인원도 적고 모난 사람도 없어서 서로 금세 친해질 수 있었고요. 개인적으로 그때 배운 게 운이 좋았다고 생각해요. 수강료가 전혀 아깝지 않았거든요. 아이가 어린이집에 다니면서 시간적 자유가 생기니까 뭐라도 배우고 싶더라고요. 꼭 그게 그림책이어야 한다 생각한 건 아닌데 그림책을 배우다 보니 저랑 결이 맞았어요. 사실 처음에는 한국화를 배우고 싶어 원주문화원에 갔는데 수강생 분들의 연령대가 달라 힘든 부분이 있더라고요. 내가 그 시기에 좋아하는 것을 찾아 갔는데 그곳에서 만난 구성원들이 나랑 어떤 관계를 맺을 수 있는가도 중요했던 것 같아요.

원주에서 그림책 공부로 만난 인연이 자연스레 '그림책엄마'로도 이어진 거군요. 저도 그림책을 좋아해서 '그림책엄마' 가입 문의도 드렸던 적이 있는데…. 보통 엄마들이 그림책을 만나는 건 아이를 낳고 아이에게 읽어주기 시작하면서부터잖아요. 그런데 선생님들은 '패랭이꽃그림책버스 그림책교실'

과정까지 수료하고, 이후의 모임도 이어가는 거 다른 지점 같아요. 각자 그림책과 사랑에 빠진(?) 계기도 얘기해주세요.

진아　제가 20대 중반 때 서울에서 혼자 자취를 했는데 너무 힘들고 외로웠어요. 집에 있는 게 힘든 때여서 사람 많은 곳, 책 냄새 나는 대형서점을 갔는데 거기서 처음으로 숀 탠(Shaun Tan)의 그림책을 보고 놀랐죠. 그 책이 유아 코너에 있었는데 '그림책이 어떻게 이럴 수 있지?' 하는 생각이 들었거든요. 제가 원래 그림을 좋아하긴 했지만 잘 몰랐는데 어떤 관심사가 생기면 적극적으로 찾아보는 편이었나 봐요. 그때 '어린이책을 만드는 사람들'이라는 카페에 가입해서 정기적으로 오프라인 모임에도 참여했거든요. 그렇게 20대 때 처음 그림책에 매력을 느끼고 관심을 가졌지만 사실 사는 게 바빠 잊고 있었죠. 결혼해서 아이가 태어날 때까지도 잊고 있다가 원주에서 알게 된 지인 추천으로 패랭이꽃그림책버스 수업을 듣게 된 거예요.

은화　저는 영화 예술 강사 일을 18년 동안 하고 있어요. 실낱같이 얇고 길게 계속 커리어를 이어온 셈이죠. 잠깐씩 다른 일도 했었어요. 대학원도 다녔다가 아름다운재단에서 1년 정도 인턴 생활도 했었고요. 대학원에서는 국어교육을 전공했는데 논문 못 쓰겠더라고요. 국어 선생님을 하는 게 안정적인 삶이라 생각해서 간 건데 학교에서 국어 수업을 하는 제 모습을 상상했을 때 즐겁지 않을 수 있단 생각이 들었어요. 예술 강사 일도 오래 할 일이 못 된다고 생각했는데 결과적으로는 그 일을 계속 해오게 됐네요. 우리나라에서 강사에 대한 처우가 어떤지 아시잖아요. 힘들고 권하고 싶지 않은 일이지만 제 나름대로 18년 동안 해온 것들에 대해선 후회하지 않아요. 어떻게 보면 예술 강사 일이 힘들었기 때문에 그림책이 너무 즐거웠던 거였을지도 몰라요. 그 세계가 즐거웠다면, 그림책 하지 않았겠죠?

은화 선생님 말을 들으니 저도 강사 일을 경험해서인지 공감되는 말이고 어딘가 울컥해지면서도 뼈 때리는(?) 말이네요. (웃음) 재윤 선생님의 서사도 궁금합니다.

재윤　2015년에 남편 직장으로 원주에 이사 왔는데, 그전에는 서울에 살며 일본계 은행에서 근무했었어요. 원주로 이사 와서 생각해보니 저에게 타이틀이 없던 적이 단 한 번도 없었더라고요. 오롯이 나를 위한 공백기를 가진 게 대학 휴학했을 때 일본 간 거예요. 진아 선생님은 자취 생활이 힘들고 외로웠다 했지만 저는 그때만큼 자유로운 시기가 없었어요. 나 자신이 좀 더 진취적인 사람이었다면 어땠을까 생각할 정도로 나 자신보다 주변 사람들이 더 내 일에 자부심을 느끼는 걸 보며 살아왔던 거 같아요. 워킹맘으로 사는 것도 당연하다고 생각했고요. 그러다 둘째 아이를 임신했을 때 남편이 몽골에 가게 됐었어요. 임신 중에도 저는 직장 생활을 하고 있었기 때문에 남편만 갔었는데 휴직 시기에 스트레스를 많이 받게 되더라고요. 그래서 둘째 아이 태어난 지 100일 즈음에 저도 몽골로 가서 복직하기 전까지 지내다 왔어요. 짧은 시간이었고 다시 서울로 와서 복직해서 일을 하긴 했지만 삶을 바라보는 태도에 변화를 주었던 시간이었어요. 그 후 원주로 와서 2016년 한 해 동안 아이들과 도서관도 다니고 이것저것 배우러 다니면서 그림책을 잘, 빨리 만났어요. 일을 그만둔 것을 후회하지 않냐고 주변에서 많이 물어 보지만 저는 후회 없고요. 그림책 보느라 바쁘다고 당당하게 말해요.

엄마여서 가능한 일

세 분의 서사를 들으니 모두 걸어온 길이 다르지만 그림책을 만난 게 운명 같네요. 세 분 모두 '엄마'이니 자녀 얘기도 안 할 수 없는데요. 현재 아이들 연령대가 어떻게 돼요?

진아　저는 초등학교 6학년인 아들, 4학년 딸 남매예요.

재윤　저는 중학교 2학년과 초등학교 6학년 남매요.

은화　초등학교 5학년 딸이요.

아이들 연령대도 비슷하네요. 이제 막 사춘기에 접어드는 아
이들과 어떤 일상을 보내세요?

재윤　사춘기가 되니 자기 자신이 우선이라는 생각이 확
실히 강해진 것 같긴 해요. 제 손이 덜 가는 느낌이 아니라
아예 내가 손을 대면 안 되는구나 하는 생각이 들긴 하더
라고요. (웃음) 내가 하는 말이 잔소리로 받아들여지는 것
같아서 참아야 하는 거죠. 잔소리는 줄이고, 대화를 하자
생각하고 있어요. 자신들이 하는 일이 뭐든지 옳다 생각하
는 시기니까 잘 다스려주려 하죠.

은화　저희 딸도 5학년 되니 말투가 이미 초등학생 같지
않고 서늘하고요. 제가 옷 입는 것에 대해서도 어떤지 물
어보면 자기 기준으로 판단해서 엄마 촌스럽다고 하고요.
(웃음) 엄마나 이모의 패션에 대해서도 자기 기준이 뚜렷
해진 거죠. 조금 또래보다 이른 것 같긴 하지만 나쁘지 않
다 생각해요. 총량의 법칙이 있으니까 차라리 빨리 찾아오
는 것도 나쁘지 않죠.

진아　저희 가족은 요즘 각개전투로 너무 바쁜 일상을 보
내고 있어요. 남편 일로 곧 미국으로 가야 하기 때문이기

도 하지만, 딸은 유도 시합에 나가는 일로 수업과 운동을 병행하느라 바쁘고요. 다들 각자 하고 싶은 게 많아서랄까요. 우리 가족은 이렇게 살 수밖에 없는 가족인가 싶고…(웃음). 그래도 아이들은 스스로 해야 할 일들을 하면서 자유롭고 즐겁게 살아요. 제가 요즘 삶이 바쁘고 힘들다 느낄 뿐이죠. 그런데 또 아이가 하고 싶은 게 많기 때문에 저를 세상으로 나아가게 하는 동력이 된다 생각해요. 선생님들도 그렇지 않아요? 내가 좋기도 하지만 어느 정도는 필요에 의해 일하는 거요. 솔직히 내가 정당한 노동을 해서 대가를 받을 때 엄마로서 자존감도 지키는 거라 생각하거든요. 아이가 하고 싶은 거, 먹고 싶은 거 같이 하기 위해 버는 거죠.

진아 님 말에 공감해요. 내가 좋아서 일하기도 하지만 필요해서 일하기도 하는 거니까요. 육아하는 부모라면 공감하는 말이지 않을까요?

진아　　어떨 때는 제가 좋아하진 않지만 돈 벌려고 일할 때도 있거든요. 그때 만나는 사람들은 그림책 세계에서 만나는 사람들과 달라요. 그림책이라는 예술 장르 안에서만 내가 국한돼 있으면 좁아지는 건 아닌가 싶을 때가 있었는데 다른 일을 했을 때 거기서 얻게 되는 것들이 있더라고요. 또 제가 매일 일기를 쓰고 운동을 하는데요. 필라테스나 요가를 하면 그 세계가 또 달라요. 20대부터 제가 했던 일과 지금 다시 하는 일이 다른 것처럼 어느 정도 궤도에 오르기까지 필요한 적정 시간이 있잖아요. 그래서 내가 좋아하는 일이지만 현실적으로 가능한가에 대한 고민이 있어요.

대단하세요. 아이들 챙기는 것만 해도 너무 바쁠 텐데 어떻게 그 많은 일도 다 하시나요?

진아 사이사이 자투리 시간을 아껴서요. (웃음) 매일 아침 오늘 꼭 해야 하는 것들을 쓰고 거기에 맞춰 움직여요. 오늘은 그림책 창작 수업을 들었고요. 필라테스 하는 나와 그림책을 창작하는 나와 일기 쓰는 나 사이에서 나는 도대체 뭐 하는 사람인가, 나의 브랜드는 뭔가, 잘 모르겠지만요. (웃음)

재윤 아이들 챙기면서 내 일도 하려면 벽돌 깨기(?)처럼 투두리스트를 짜고 움직일 수밖에 없는 거 같아요.

커뮤니티 운영에 있어 아이들과도 같이 하는 프로그램이 있나요?

은화 네, 저희가 1년 이상 아이들 독서 모임을 온라인으로 진행하고 있어요. 유닛처럼 세 명의 엄마들과 자녀들이 모여서 매주 월요일마다 하고 있는데요. 지속적으로 운영하는 모임이라 의미가 있고 성과로도 볼 수 있죠. 그림책 엄마 멤버로 모이지 않았다면 이런 생각 안 했을 텐데 선생님들이니까 함께 해볼 수 있겠다 싶어서 아이들 독서 모임까지 이어진 거니까요. 다행인 건 무엇보다 아이들이 이 모임을 계속하길 원한다는 거예요. 아이들 만족시키는 게 쉽지 않잖아요. 책도 매주 한 권씩 읽어야 하고 자기들이 책 추천도 해야 하는데 그걸 굉장히 중요하게 생각하고 있어요.

재윤   애정도 있고요.

함께 그리고 각자, 서로를 존중하면서 기본은 지키는

'그림책엄마'는 스터디 모임이면서 그림책과 관련된 여러 프로젝트를 함께 진행하기도 했잖아요. 모임 운영 방식이나 모임에 대한 방향은 어떻게 그리고 있나요?

은화   운영 방식은 2주에 한 번씩 모이고 있고요. 같은 책을 정해 함께 읽고 읽은 부분에 대해 이야기를 나눠요. 몇 년 전에 우리도 회원을 늘리는 게 좋지 않을까? 하는 생각을 한 적이 있어요. 그러다가 그게 왜 필요한지, 진짜 원하는 것이 무엇인지 이야기를 나눴어요. 그런데 지금 하고 있는 방식 자체가 우리가 원했던 거니까 이 방식을 계속 유지하자고 했죠. 그림책엄마의 기본은 공부하는 모임이에요. 배우는 기쁨을 혼자가 아니라 함께 느껴서 더 좋은 거죠. 용역 사업을 할 때는 임의단체를 만드는 게 좋겠지만 사업을 위해서 임의 단체를 일부러 만들 필요는 없다 생각했어요. 사업에 참여하는 것도 좋은데 참여하고 싶지 않은 멤버도 있을 수 있잖아요. 그럴 때는 유닛처럼 하고 싶은 사람들끼리 참여하는 식으로 하는 게 좋겠단 생각이에요.

재윤 기본을 지키면서 각자 원하는 요소들이 다른 것에 대해서는 인정하는 거죠. 그런 것까지 포기하면 우리 모임이 되게 단편적이고 형식적으로 바뀔 수밖에 없기 때문에 누군가 나 이거 하고 싶다 얘기하련 동의해주는 게 있었죠. 그런 묘미가 여기까지 길게 모임을 끌고 올 수 있던 힘이 아닌가 싶어요.

은화 다 하다 보면 서로 지친다는 걸 은연중에 깨닫게 된 거죠. 그리고 저는 2017년부터 이 모임을 해왔기 때문에 저에게도 변화가 있었어요. 굉장히 텐션이 높았던 시기가 있었고 다시 낮아진 시기가 있었고요. 그러면서 멤버 분들을 이해하게 되기도 했어요. 서로 다른 리듬으로 이어져

온 거죠. 올해는 기본에 충실하면서 우리가 원래 기뻐했던 일들에 대해 생각해보자며 모임을 운영하고 있어요. 연초에 오프라인으로 오랜만에 만나서 서로 그림책 선물하는 시간을 가졌는데 그때 모두 즐거워했어요. 그런 기쁨을 되게 오랜만에 느낀 거 같아요.

좋은 시간이었겠어요. 그런데 '그림책엄마'는 어쩌다(?) 그림책 관련 프로젝트 일도 맡게 됐어요? 2020년에는 제3회 그림책활동가 경험공유회를 기획, 운영했고 2021년에는 원주시그림책센터 일상예술 그림책 큐레이션 전시 '어린이와 일상예술'도 진행했는데 스터디 모임이 아닌 프로젝트를 운영하면서 느낀 점도 궁금합니다.

재윤   아무 사심 없이 이 스터디 모임을 시작했는데 이렇게 굴러가지고 이런 일까지 한다고? 하는 생각이 있었어요. (웃음) 우리가 뭘 하겠다고 기관에 가서 어필한 거 아니죠?

은화   어필 안 했는데 먼저 연락이 왔어요.

재윤   그림책을 좋아하는 활동가들이 모인 모임이니 그 일을 맡긴 거겠죠. 개인한테는 절대 그 일을 맡길 수 없었을 거니까요. 우리가 전문가들은 아니지만 활동가로서 새로운 일을 해보는 것에 대한 두근거림 같은 게 있었던 기억이 나요.

은화 작년에 그림책센터 일상예술 그림책 큐레이션 전시는 그림책엄마 이름으로 모두가 같이 참여한 거였어요. 그런데 저는 개인적으로 여러 일이 겹치면서 되게 지쳐있던 것 같아요. 그러면서 그림책엄마에서 하는 작업들이 문득 일로 느껴졌던 거 같고요. 그래서 잠깐 슬펐는데 선생님들이 워낙 열심히 맞춰주셔서 잘 마무리가 되고 다들 바쁜 와중에 전시가 잘 끝나서 공금으로 회식하면서 보상 받듯이 즐거운 시간을 보냈죠. (웃음)

'그림책엄마'로 함께 모이고 있지만 이 커뮤니티를 바라보는 시각, 이것이 나에게 지금 어떻게 커리어로서 의미하고 있는지, 앞으로의 바람 등에 대한 생각은 각자 다를 거라고 생각해요. 선생님들 개인적 커리어에 대한 이야기와 앞으로의 계획에 대해 나눠주세요.

진아 이제 2년간 미국 필라델피아에 가게 됐으니 그곳에서 제가 할 수 있는 것들을 구상하고 있긴 해요. 필라델피아엔 어떤 그림책 신간이 있는지 궁금하고요. 지금 한국에서 하는 일은 힘들어도 참고 마무리하고 가려고요. 그림책 창작과 에세이 수업 다요.

재윤   저는 회사를 그만두고 나서 일본어를 쓸 일이 없어지니 점점 잊어버릴 거란 두려움이 생기더라고요. 일본어까지 내려놓고 싶지 않았는데 그림책을 만나면서 일본 원서 그림책을 즐기게 됐어요. 그림책엄마에서 일본어 원서 읽는 것도 함께하면서 일본어 그림책 클래스도 시작하게 됐어요. 2019년부터 지금까지 계속하고 있는데요. 가르친다는 건 결국 나한테도 남는 거라서 지속하고 있어요. 올해 초 번역 과정에 도전하는 건 두려움이 있었는데 글에 관심이 생기면서 자연스레 번역도 글을 쓰는 것이니 한 번 해보자는 생각이 들었어요. 한겨레에서 온라인 줌 수업으로 번역 과정 수업을 수료하고 같은 기수 분들하고 커뮤니티를 이어가자고 제가 사람들을 모았어요. (웃음) 그래서 지금 5명이 서로 정한 과제를 올리고 공유하고 있어요.

은화   저는 진아 선생님에게 약간 영향을 받은 건데요. 자기는 아니라고 하지만 저희가 보기에는 자신이 정해놓은 루틴에 굉장히 강해서 힘들이지 않고 꾸준함을 이어가는 것 같아 보이거든요. 그런 모습을 옆에서 오랫동안 보면서 꾸준히 하는 것의 힘이 있다는 것을 실제로 느꼈고, 저도 진아 선생님처럼 뭔가를 좀 꾸준히 해봐야겠다는 생각이 들어서 아침 아르바이트를 시작했어요. (웃음) 딱 3시간만 하는 아르바이트를 시작했는데 못할 줄 알았거든요? 맨날 늦게 자고 밤새서 일했었으니까요. 그런데 그 일을 하니까 일찍 자고 일찍 일어나게 되고 삼시세끼를 다 챙겨먹게 되더라고요. 사실 예술 강사 일에 대한 환멸을 느끼게 돼서 머리로 수업을 만드는 일 말고 오직 몸만 쓰는 일에 나를 놓으면 어떻게 될까 하는 생각도 있었어요. 예술교육 일을 아예 안 하는 것은 아니고 전보다 좀 줄여서 하는데 지금 동시에 두 가지 일을 다 해보고 있는 상태예요. 예전에는 수업 준비 다 하고 남는 시간에 스스로를 챙겼다면 지금은 스스로를 먼저 챙긴 후에 수업 준비하는 것으로 방향을 바꿔보고 있어요. 개인적으로 저는 앞으로 그림책과 예술교육을 연관 지어 연구해보고 생각을 정리해볼 예정입니다. 제가 그동안 교육 현장에서 겪었던 경험을 정리해볼 틈 없이 수업해오는 데에만 급급했는데, 이제는 경험을 잘 엮어나가는 것도 필요할 것 같아서요. 그림책엄마 스터디 모임이 앞으로도 저에게 커리어의 동력이 될 거예요. 스터디에서 나누는 이야기들이 생각을 정리하는 데 큰 도움이 됩니다.

2

나와 너,
우리를 기른
엄마들

Special interview

60대 엄마 둘,

01.

30년간 자영업자로
두 딸을 기른 엄마,

함경순

브랜드 키워드

#아담홈패션 #재봉틀 #바느질

#의상실 #디자인 #하림맛나치킨

#자영업

자녀

2녀(1985년생, 1990년생)

other

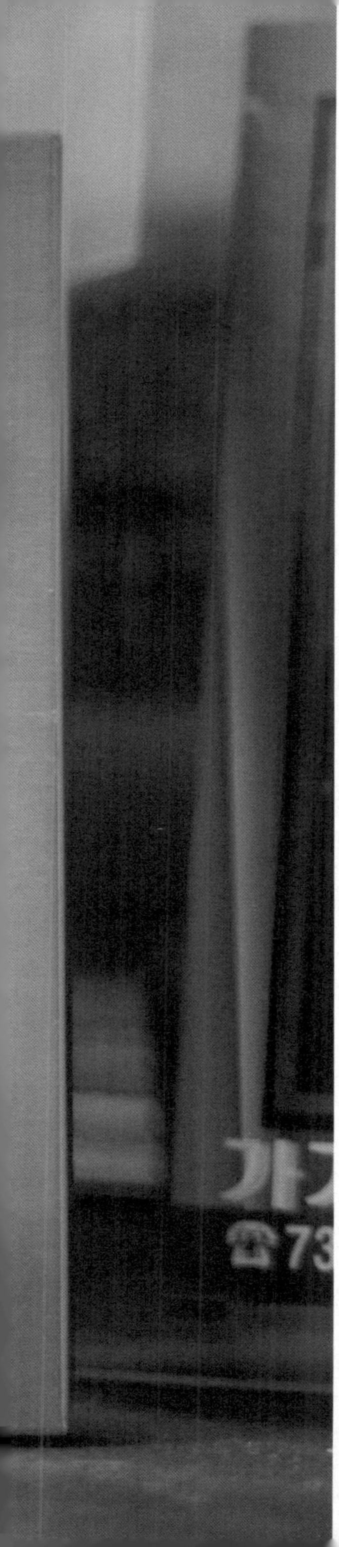

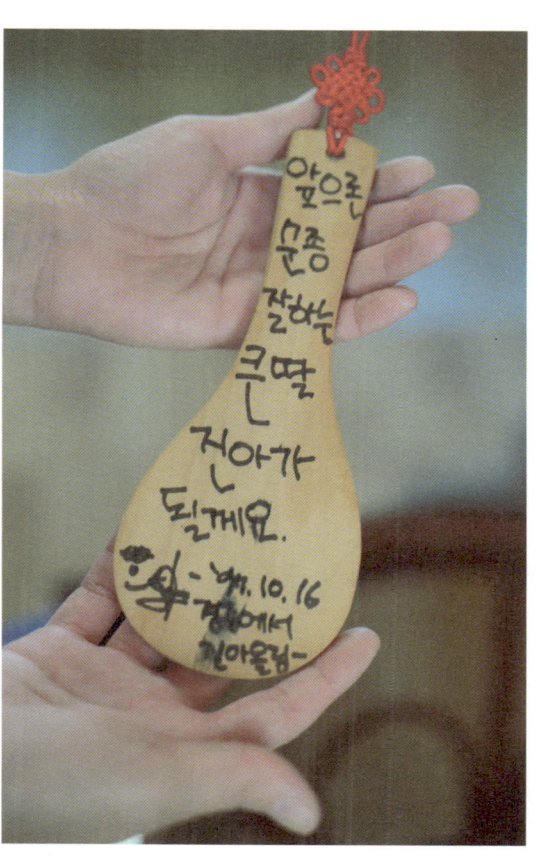

1962년 강원도 강릉에서 장녀로 태어난 함경순(咸敬順)은 아버지, 어머니의 사랑을 받고 자랐다. 다섯 살 터울의 여동생과도 우애가 깊었고, 장남인 아버지는 딸이라고 해서 아쉬운 기색을 표하지 않았다. 오히려 집안의 대소사가 있을 때마다 경순을 데리고 다니면서 '내 큰딸'이라고 자랑하는 아버지였다. 그런 화목한 가정에 먹구름이 드리워진 건 경순이 열일곱이 되던 해였다. 어머니가 췌장암으로 소천하게 된 것이다. 그 이후 경순은 진학을 포기하고 생계를 위해 일터로 나갔다.

함경순이 사회에서 처음 하게 된 일은 의상실에서 심부름을 하는 시다 일이었다. 옷 속에 넣는 싱을 부드럽게 만들기 위해 다 빨아서 너는 일을 하느라 손은 늘 갈라지고 터지기 일쑤였다. 그렇게 하나하나 배워서 상·중·하 시다 단계를 거치면 미싱사가 될 수 있었다. 그 후에는 재단 일을 배우고 디자인도 배울 수 있었는데 함경순은 그 일까지 배우지 못하고 자신만의 의상실을 차리면서 직접 창작한 옷을 손님들에게 판매했다. 그때가 스물세 살이었다.

의상실을 운영할 때 친구의 소개로 세 살 연상인 남자 권혁준(權赫準)을 만나 연애를 하고 결혼을 했다. 장남인 남편과 시부모님, 시동생도 한집에 살게 되었다. 결혼해서는 가정주부로만 살고 싶었기 때문에 의상실을 다른 사람에게 넘기면서 재봉틀이나 오버로크를 모두 팔려 했는데 재봉틀만큼은 가지고 있어야겠단 생각이 들었다. 기술이 있는데 세탁소어 맡기기엔 돈이 아까워서였다. 그렇게 가족, 동네 사람들의 옷을 수선해주는 소일거리를 하다 함경순은 1985년 첫째 딸을 낳고 6개월이 되었을 무렵부터 다시 의상실을 다니기 시작했다. 내 집 마련의 꿈 때문이었다. 신랑도 적금을 붓고 함경순은 월급을 시어머니께 다 드리고 용돈 2만 원으로 한 달 성활을 하면서 열심히 벌어서 결혼한 지 4년 만에 2층 주택을 지었다. 1층에는 한편에 미용실을 세주고 한편에 '아담홈패션'이란 간판을 걸었다. 그렇게 또 열심히 홈패션 가게를 운영하면서 2년간 모은 돈으로 3층을 올려 신랑과 자신만의 보금자리를 마련했다. 성업할 때 함경순은 남편에게 직장을 그만두고 재단 일을 배워 함께 일하자 했다. 그렇게 부부는 자영업자가 되었고 IMF의 풍파도 함께 겪었다. 홈패션 가게는 IMF를 기점으로 블라인드, 커튼, 혼수 등을 모두 취급하던 넓은 가게에서 다시 벽을 세우고 치킨 가게를 더하는 곳으로 변모했다. 치킨 가게를 운영한 지 10년, 그렇게 '아담홈패션'은 사람들에게서 잊혀져 갔고 함경순도 그 변화를 묵묵히 받아들였다. 그리고 함경순은 몸에 이상이 생겼다. 복막에 생긴 희귀한 종양을 제거하는 암 수술을 두 번이나 받으며 절망하지 않고 희망을 바라봤다. 하나님을 믿는 신앙 안에서 그 모든 것들을 견디고 감내했다.

2022년 환갑을 맞이한 함경순은 두 딸을 모두 시즌 보내고 열 살, 여덟 살, 일곱 살 세 아이의 외할머니로, 교회의 권사로, 시어머니를 돌보는 딸이자 맏며느리로 자신의 일상을 아름답게 지어가고 있다. 한 땀 한 땀, 손수 옷을 짓던 그 손과 발로 이제는 남편과 시어머니를 위한 밥을 짓고 남을 위해 봉사를 하고 딸들을 도우며 자신의 삶을 반짝반짝 빛내며 하루하루를 산다. 그 긴 세월, 남몰래 흘린 눈물만 해도 가늠할 수 없을 텐데 함경순은 때에 따라 늘 최선을 다했기 때문에 후회는 없다 말한다.

나에게 늘 가장 좋은 것을 주는 나의 사랑, 나의 엄마 함경순을 닮고 싶은 마음으로 모습도 성격도 꽤 닮은 첫째 딸인 내가 엄마의 꿈과 지나온 삶의 이야기, 또 나와 같은 후배 엄마들에게 해주고 싶은 말을 물었다.

엄마의 꿈은 의상 디자이너

엄마가 어릴 때 이루고 싶던 꿈은 무엇이었나요?

나는 10대 때부터 디자이너가 되고 싶었어. 그런데 학원 갈 형편이 안 돼서 의상실에 취업했지. 아주 기본적이고 잡다한 심부름부터 시작하면서 시다 일을 했어. 옷 속에 넣는 싱을 부드럽게 풀 쑤기 위해 일일이 다 빨아서 널어야 했는데 맨손으로 빨아 너니 손은 터지고 갈라졌지. 그런 일부터 1년에 한 단계씩 배워서 올라갔어. 나중에 미싱사까지 오르면 그 다음에는 재단 일을 배우고 디자인도 배우고 싶었는데 그것까진 배우지 못하고 내가 의상실을 차리게 됐지.

생각했던 의상 디자이너와는 다르지만 그래도 엄마가 직접

옷을 만드는 의상실을 운영한 거니 꿈을 이룬 셈이네요? 의
상실 운영했을 때 어땠어요?

내가 창작해서 디자인도 하고 재단해서 미싱으로 제작까
지 다해서 팔았는데 손님들이 예쁘다, 맘에 든다, 편하다
했을 때 보람을 느꼈지. 살아온 시간 동안 그때그때마다
최선을 다했으니 후회는 없어. 내 최종적인 목표가 있었고
그걸 이루기 위해 열심히 한 내 삶에 보람을 느껴.

그럼 의상실을 운영할 때 아빠를 만나 결혼한 건가요? 결혼
해서도 일을 이어갔던 이유는 뭐예요?

의상실 운영할 때 네 아빠를 만나 결혼했는데 너무 어린
나이 때부터 일을 해서인지 결혼해서는 가정주부, 아내,
아이 엄마로만 살고 싶었어. 남편이나 시어머니 될 분도
직장을 가진 여성보다는 살림할 여성을 원하는 거 같았고,
남편의 월급도 수입이 꼭 맞벌이를 하지 않아도 될 거 같
았어. 그래서 결혼할 때 의상실을 다른 사람에게 넘기면서
재봉틀, 오버로크 다 팔고 오려고 했는데 시어머니가 재봉
틀만큼은 가져오라 하시더라? 나도 재봉틀만큼은 있어야
겠다는 생각이 들더라고. 내가 기술이 있는데 세탁소에 맡
기기는 돈이 아깝잖아. (웃음) 그래서 영업용 재봉틀을 가
지고 집에 두고 그 재봉틀로 시아버지, 시어머니 바지와

스커트를 1년에 몇 벌씩 늘렸다 줄였다 했어. (웃음) 네 할
머니가 동네 아주머니들 옷 수선할 거리를 가져오기도 했
지. 너 임신해서도 재봉틀 놓고 거실에서 몇 천원씩 받으
면서 수선해주는 일을 했었어. 그런데 너 낳고 모유 떨어
질 무렵쯤 집을 지어야 했는데 그때 맞벌이 이야기를 어머
니가 슬쩍 하시기 시작했어. 어머니가 같이 국밥 장사라도
하자 하시길래 내가 의상실을 다닌다 했지. 그래서 너 모
유를 6개월만 먹이고 그때부터 중앙시장 2층에 있는 로즈
의상실에 다녔지.

집을 지어야 하는 가족 공동의 목표 때문에 엄마가 다시 일을

하시게 된 거네요. 아이 낳고 6개월 만에 일하느라 고생하셨
겠어요. 다녔던 의상실은 아기 엄마에 대해 호의적이었나요?

시어머니가 부녀회 일을 도맡아 하시니 어쩌다 계절별로
관광을 가실 때면 출근할 때 너를 데리고 의상실에 가야
하는 일이 몇 번 있었어. 사장님이 그러라 해서 데리고 갔
지만 아이가 어리다 보니 내가 제대로 일을 못하니 싫어하
더라고. 그래서 다른 의상실로 옮겨서 일을 했었어. 그 의
상실 언니는 이전 의상실 사장보다 젊고 쾌활해서인지 너
를 데리고 가면 가게에서 너 놀게 하고 엄마는 일하고 그
랬었어. 그래도 일터에 애를 데리고 가서 일하는 건 못하
겠다는 생각에 열심히 벌어서 얼른 집을 지어 1층에는 내
가게를 열고 2층에는 살림집을 해야지 했어.

어떤 심정이었을지 저도 엄마가 되니 공감이 되네요. 빨리
내 집 마련을 하고 내 가게를 차려야겠단 생각에 열심히 일
하셨을 거 같아요. 그럼 이 집을 짓기까지 얼마나 일하신 거
예요?

그렇게 3년 6개월 동안 직장 생활을 했지. 당시 나는 월급
을 모두 시어머니께 드리고 용돈 2만 원을 받고 다녔고 아
빠도 월급의 대부분을 적금해서 이 집을 지었지. 그래서
이 집 지었을 때 참 보람 있었어. 물론 시동생들이 함께 사

니 불편한 점이 있었지. 그래서 내 가게 차리고 또 열심히 벌어서 2년 만에 3층을 올렸어. 3층 입주예배 드렸을 때 내가 얼마나 울었는지 몰라. 그동안의 시간이 서럽고 기뻐서. 하나님이 내가 원했던 집도 짓게 해주시고 나만의 보금자리도 3층에 마련하게 해주셔서 얼마나 감사했는지 참 많이 울었던 기억이 나.

나보다는 맏며느리, 엄마, 그리고 가게 일

'아담홈패션' 운영하면서는 많이 바쁘긴 했지만 의상실을 다닐 때보다는 나았죠?

내 가게에서 일하니 편했지. 아무래도 주인 눈치 보지 않아도 되고 자유가 있잖아. 내가 정 바쁠 때는 하루 가게 문 닫을 수도 있고, 손님과의 날짜 조율도 내가 바쁠 때는 조정해갈 수 있었으니까. 내가 13년간 홈패션, 의상실 일을 했는데 그때 돈도 많이 벌었고 아이들도 공부시킬 수 있었지. 네 할머니가 살림도 해주시고 너희들도 봐주셨으니 그 일들을 다 할 수 있었어.

홈패션이 당시 잘됐으니 아빠 회사도 그만두게 하고 미용실
자리까지 홈패션 가게를 확장하기도 했잖아요. 아빠 직장을
그만두게 할 만큼 일이 많았어요?

가게 열고 4년은 나 혼자 일했지. 그런데 사업이 점점 잘되
고 일 물량이 많아지니까 다른 사람에게 일당 주면서 커튼
을 달아 달라 했었거든. 그런데 그런 인건비를 계산하니 네
아빠 월급보다 많겠더라고. (웃음) 그래서 신랑에게 직장
그만두라고 하고 2~3년은 내가 기술을 가르쳤지. 같이 일
하면서 싸우기도 많이 싸웠는데 둘이 잘 이겨냈네. (웃음)

두 분이 가게 운영할 때 할머니께 생활비를 드렸겠네요? 맏
며느리로서 시부모님과 한집에 살면서 생활비까지 드리는
건 쉽지 않았던 부분도 있었을 텐데요.

가게 수입이 매번 일정한 건 아니니까 적게는 50만 원에
서 85만 원씩 매월 할머니께 생활비를 드렸어. 그런데 너
희 학용품, 옷, 병원비 이런 데는 그 돈을 사용하지 않으시
더라고. 그래서 생활비가 100만 원 이상 들어가느라 부담
되기도 했지. 할머니는 아직 장가 안 간 아들들이 있었으
니 그 돈을 아껴서 아들들 결혼자금으로 사용하신 거야.

솔직히 서운한 감정이 들기도 했는데 어느 날 라디오에서 결혼해서 고부지간이 함께 사는데 경제권을 시어머니가 가지고 있는 가정 이야기가 나오더라? 그 얘기를 듣고 내가 감명을 받았어. 저렇게 살면 고부간에 갈등이 없겠다는 생각이 들어서 그 후부터는 어머니께 생활비를 드리고 그 생활비가 어떻게 사용되는지는 일체 관심을 갖지 않았어. 그렇게 하니 18년을 큰 고부갈등 없이 한집에서 살 수 있었지. 분가한다고 나가셔서 아파트에 사시다가 18년 만에 다시 합가를 했네. (웃음) 인생이란 게 그렇게 짧아.

그 세월을 저도 함께 살았지만 지금 생각하면 정말 엄마가 대단하단 생각이 들어요. (웃음) 다섯 살 터울의 두 딸을 기

르면서 일하는 엄마로서 가장 기억에 남는 일이 있을까요?
보람과 아쉬움 모두 이야기해주세요.

애들 키우면서 장사하느라 바쁜 엄마여서 어디 데리고 좋
은 거 먹으러 간다든지, 데이트 한다든지, 대화를 많이 나
눈다든지 같이 해주지 못한 게 늘 아쉬웠지. 물론 경제적
으로 궁색하진 않았어. 그래서 너희가 사달라는 거, 요구
에 맞춰줄 순 있었지만 어쩌면 그렇게 자녀들의 욕망을 채
워주는 게 엄마로서 잘하고 있다고 착각했던 건 아닐까 싶
어. 물론 가게와 집이 같이 있으니 잠깐씩 짬을 내서 5분
이라도 너희들 숙제 같은 것도 챙기고 간식도 챙겨주긴 했
지. 너 피아노 배운 거 와서 치면 잘했다고 들어주면서 차
한 잔 마시는 거로 나의 휴식 시간을 항상 빼놓았었어. 자
녀에 대한 보람은 학교의 모든 시스템에 맞춰서 잘 적응하
고 재능 있는 분야에서 상도 타고 그랬을 때 보람을 느꼈
지. 건강하게 사회생활하고 자기 몫을 다하며 사는 모습들
모두 엄마에겐 보람이야. 딸들이 아플 때 엄마 가슴이 제
일 아프니 아프지 않았으면 좋겠어.

 # 후회는 없는 나의 삶, 요즘 엄마들에게 해주고 싶은 말

30년 동안 열심히 일하다 몸이 아팠었잖아요. 복막에 종양이

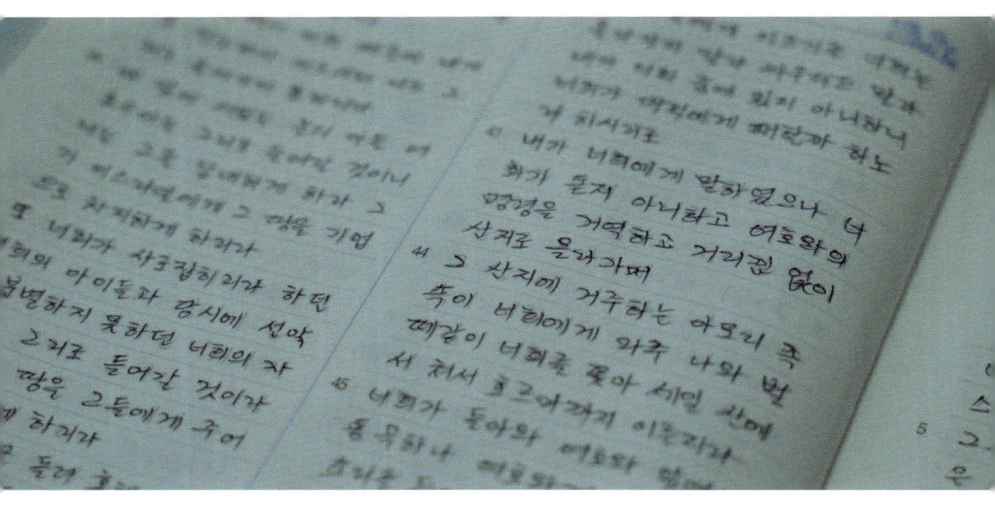

생겨 큰 수술을 두 번이나 했는데 그때 어떻게 극복했어요?

엄마는 늘 그래. 어차피 내 인생에 주어진 삶이니 어떻게
밝게 살아갈지 생각해. 후회하거나 뒤돌아보는 삶은 내 스
스로가 용납하지 못하는 성격이기도 하고. 물론 엄마가 병
이 나고 3~4년은 엄청 불안했었어. 재발되진 않을지, 괜찮
은 건지 하는 그런 불안감이 있었는데 하나님 앞에 내려놓
고 기도하며 사니까 언제부턴가 불안이 사라지고 편안해
졌어. 살면서 이따금씩 안 좋은 생각이 들 때마다 사탄이
틈타는구나 하고 얼른 말씀을 쓰거나 산에 가서 운동을 하
면서 그 생각에서 벗어나려고 노력해.

18년 동안 분가해서 살다 최근 다시 시어머니랑 합가하셨잖아요. 쉬운 결정은 아니었을 텐데 어떤 마음으로 선택했나요? 또 함께 살면서 겪는 어려움을 어떻게 이겨내는지도 얘기해주세요.

젊었을 때부터 부모님이 늙었을 때 더 잘해야지, 젊어서 다 도움 받고 나중에는 나 몰라라 하는 사람은 안 될 거라는 마음을 가졌어. 한 2년 전쯤부터 어머니를 모셔야겠다 하는 생각이 들었고 내 마음에 감동이 생기더라고. 그래서 어머니께 같이 사는 것에 대해 고민해보시라 했지. 그러다 작년 초에 어머니가 갑자기 쓰러지셔서 응급실 다녀오신 뒤로 같이 살게 됐어. 어머니께서 아프시고 연로하시니까 축 처져 계시거나 한탄하실 때가 있어. 그럴 때는 어머니 혼자 나이 드는 게 아니라 아들, 며느리도 같이 나이 드는 거니까 혼자라 생각하지 말라고, 어머니 보는 우리 마음도 자꾸 처진다고 말씀드려. 생각을 어떻게 하느냐에 따라 얼굴 표정도 달라지는 거니까 은혜로 살려고 함께 노력하자 하지.

저도 새겨들어야 할 말이네요. (웃음) 결혼, 임신, 출산, 돌봄의 영역을 모두 경험해본 선배 여성으로서 요즘 엄마들에게 해주고 싶은 말은 무엇인가요?

아이들 키우는 엄마로서 맞벌이를 해야 하는 상황이 더 많을 텐데 일해야 하는 여성이라면 후회 없이 자신의 일을 해야 한다고 생각해. 물론 일하면서 자녀 양육을 하는 게 원만하지 않겠지만 주어진 상황에서 지혜롭게 선택하며 살아야겠지. 나도 항상 내 몸이 셋, 넷이었으면 좋겠다고 생각하며 살았어. 그렇게 주어진 삶에 최선을 다해 살면 후회하지 않을 수 있고, 노후에도 원만한 삶이 이어지는 것 같아. 새로운 변화나 일에 도전하는 게 두려울 수 있겠지만 겁먹지 말고 도전해봤음 좋겠어. 사람은 누구나 아프고 회의도 오는 거니까 그때그때마다 스트레스를 잘 풀어야 할 것이고…. 내가 시부모님과 그 오랜 시간 같이 살면서 내 일을 안 했으면 어쩔 뻔 했나 싶을 정도로 일을 하면서 많은 것들을 해소했던 것 같아.

30년간 교사로
두 아들을 기른 엄마,

홍종희

브랜드 키워드

#국어교사 #선생님 #중등교사

#공부 #수업 #학교 #손재주

자녀

2남(1982년생, 1985년생)

1955년 강원도 춘천에서 외동딸로 태어난 홍종희(洪鍾姬)는 아버지, 어머니의 사랑을 받고 자랐다. 위아래 오빠, 남동생과도 우애 있게 지냈고, 춘천시 공무원이었던 아버지는 청렴한 분이었다. 1973년은 사회적으로 여자가 대학을 진학하는 확률이 높던 때가 아니었는데 홍종희는 아버지의 지원으로 대학에 진학할 수 있었다.

강원대학교 사범대학에서 국어교육을 전공한 홍종희는 대학 졸업 후 중등 국어교사가 되었다. 같은 대학에서 체육교육을 전공한 한 살 연상의 안주일(安柱一)과 1980년에 결혼해 1982년과 1985년, 세 살 터울로 두 아들을 낳았다. 스물여덟 살이 되던 해, 아버지께서 소천하셨고 둘째 아들이 태어나면서부터는 친정어머니가 함께 살며 아이들을 돌봐주었다. 시어머니는 원주에서 장사를 하시다 미국으로 이민을 가셨고 남편의 형과 동생들도 미국으로 이민과 유학길에 올랐다. 시댁 식구들과도 모두 스스럼없이 왕래하는 사이로 가족의 정(情)을 나누었다.

30년 동안 강원도의 여러 중·고등학교에서 국어를 가르친 홍종희는 학생들의 인기에 연연하지 않고 자신만의 교육관으로 성실히 국어를 가르쳤다. 교직원으로서 학교 환경에 잘 적응했고 교사로서의 본분을 다하고 후회 없이 퇴임했다.

퇴임 후 남편이 위암 판정을 받았을 때 홍종희는 그래도 조기에 발견한 것에 안도하며 어떻게 그 과정을 해결해 나갈지 집중해 최선의 선택을 했다. 덕분에 남편은 서울아산병원에서 수술을 잘 마쳤고 5년간 치료에 전념해 완치되었다. 그리고 몇 년 전 심근경색이 와서 스텐트 삽입술을 한 홍종희는 건강 관리에 힘쓰며 밝고 씩씩한 모습을 유지하고 있다.

2019년 여름과 가을에는 두 달 간격으로 미국에 계신 시어머니와 원주에서 함께 살던 친정엄마와 이 땅에서의 이별을 마주했다. 슬픔은 그리움이 되었고 부부는 삶의 이치를 묵묵히 받아들이게 되었다. 힘들고 어려운 일이 있을 때 좌절하기보다는 그것을 극복하려는 의지와 지혜가 그녀에게 늘 있었기에 가능한 삶이었다. 2022년 예순여덟의 홍종희는 두 아들을 모두 장가보내고 여덟 살 아이의 할머니로, 성당의 신자로, 손재주가 좋은 여성이자 두 며느리의 시어머니로, 남편의 아내와 자식들의 엄마로 일상을 아름답게 지어가고 있다.

앞서 밝혔지만 이분은 나의 시어머니이다. 시어머니와 며느리가 되기 전, 사귀는 남자 친구의 어머니로 처음 그녀와 만났을 때의 인상을 십 년이 지난 지금도 또렷하게 기억한다. 당시 나는 서울에서 자취 중이었는데 스물여덟 살에 난생 처음으로 여자 친구를 사귀는 중이라는 둘째 아들의 고백에 나의 집 주소를 물어 선물을 먼저 보낸 것이었다. 우리가 사귄 지 6개월이 지났을 무렵 낯선 택배 상자가 나의 집 앞으로 도착했고, 그 상자 안에는 연 하늘빛의 반팔 블라우스와 7부 청바지가 들어 있었다. 직접 쓴 카드 한 장에는 '딸을 낳고 싶었는데 아들만 둘을 낳았고, 아들의 여자 친구가 생기면 예쁜 여자 옷을 선물하고 싶었다'는 당신의 오랜 바람이 적혀 있었다. 직접 얼굴을 뵙고 인사를 드리기도 전, 큰 선물을 받아 무척 감사하면서도 많이 놀라고 조금 부담을 느꼈던 기억이 난다. 다행히 옷은 내 맘에 쏙 들었고 당시 나의 신체 사이즈와도 잘 맞아서 여름에 자주 입고 일터로 나갔다.

잊지 못할 첫 만남을 시작으로 시어머니와 며느리로 가족이 된 지금까지 나와 어머니 사이에 내적 갈등이 하나도 없었던 것은 아니지만 10년이 지난 지금 나는 진심으로 어머니를 존경하고 사랑한다는 것을 지면에 밝힌다. 내가 남보다 성숙한 인간이라서가 아니라 어머니가 나를 많이 이해해주시고 존중해주신다는 것을, 많이 사랑하고 아낀다는 것을 느끼기 때문이다. 어머니가 낳은 둘째 아들과 십 년을 붙어 지내면서 더 많이 그를 알아가고, 이해하는 만큼 어머니와 아버지를 오해하기보다 이해하는 폭도 넓어진 건 우리가 가족으로 맺어진 관계이기 때문이 아닐까.

나와도 많이 닮아 있고, 또 내가 많이 닮고 싶은 모습을 어머니에게서 발견할 때마다 나는 그녀에 대한 사랑과 정이 커짐을 느낀다. 그러한 마음으로 어머니와 단둘이 어머니의 방에 앉아 지난 어머니의 삶과 앞으로의 꿈, 또 나와 같은 후배 엄마들에게 해주고 싶은 말을 물어보았다.

교사가 부족하던 시절에

어머니의 어릴 적 꿈은 무엇이었나요? 교사의 꿈을 꾸신 거
예요?

교사도 하고 싶은 일이긴 했지만, 특별히 이루고 싶은 건
없었던 것 같아. 꿈을 꾼다고 그게 이뤄지는 시대도 아니
었고 먹고살기 힘들고 바쁜 시대였으니까. 학교 가라면 가
고 학교 다니면서 공부하는 게 당연한 수순이라고 생각했
지. 우리 아버지가 나를 왜 학교에 일찍 입학시켰는지 모
르겠는데 일곱 살에 학교에 입학했거든. 그래서 친구들은
54년생이 많았고, 우리 때는 월사금을 냈는데 부자냐 아
니냐를 따지기 전에 내가 학교에 못 갈 거라는 생각은 하
지 않았던 거 같아. 지금 생각하면 당시 내가 대학을 다닐
수 있도록 아버지가 지원해주셨던 게 참 혜안이 있으셨던

거 같고 그 부분이 참 고마워.

그때는 사범대학교를 나와서 바로 임용이 되던 시기였죠?
사회적으로 교사에 대한 인식이 어땠어요?

국어교육과에 입학했으니 졸업하면 바로 국어 교사로 임
용이 되었지. 당시엔 교사가 많이 부족했고 사회적 인지
도도 낮았어. 내가 임용되었던 영동지방은 교사 수급이 더
잘 안 돼서 여 선생이 한 학교에 한꺼번에 6명이 발령될 정
도였어. 공무원법도 없었고. 그런데 국어교육과 교수님은
같은 과 남학생들에게 여기에서 배우자를 찾으라는 얘기
를 할 정도로 훌륭한 인적 자원이라고 생각했던 거 같아.

지금과 비교했을 때 교사로 일하는 환경이 그땐 어떻게 달랐
나요?

내가 1977년에 첫 발령을 받았는데 월급도 적고 일주일 내
내 풀가동이 될 때가 있었어. 야간자율학습도 무료로 감독
해야 했고, 여러모로 힘들었지. 강원도 산골로 발령받았을
때는 방도 얻기 힘들었고 겨울철에 연탄가스를 몇 번 먹었
는지 몰라. 첫 발령 때 연탄가스를 마셨는데 운 좋게 같은
곳에 살던 약사가 응급처치를 해줬던 기억이 나. 그럼에도
안정된 직업을 가지는 것에 만족했지.

학생들에게는 어떤 선생님이었어요? 기억나는 제자와의 에피소드도 궁금합니다.

학생들의 인기에는 연연하지 않았어. 내 스타일 대로 수업했지. 공부 잘하는 애, 말썽 피우는 애 다양했으나 내 수업에만 힘들게 하지 않으면 괜찮다 생각했어. (웃음) 내가 만났던 아이들은 대체로 착하고 순수했어. 종례, 조회도 되도록 짧게 했고. 내가 좋았던 제자들은 어디선가 만나면 학교에서의 얘기를 하곤 해. 지난번에 지인 선생님 결혼식에서 나에게 고마웠었다는 제자를 만난 적이 있어. 중3 때 고교 진학 원서 작성을 앞두고 학생 엄마와 상담을 하는데 집안 사정으로 상고를 보내려 한다기에 내가 공부 잘하는 아이를 왜 인문계 고등학교에 안 보내려 하냐고 해서 원서를 인문계 고등학교로 써서 진학한 제자인데 그때를 잊을 수 없었다고 얘기하더라고.

어머니가 근무하셨을 때 육아휴직은 어땠어요?

두 달의 육아휴직이 있었는데 교장의 스타일에 따라 학교마다 좀 달랐어. 교장의 마음이 좀 여유로운 편이면 두 달을 다 쓰게 해주고 그렇지 않은 경우도 있었지. 나는 횡성 갑천에서 신혼생활을 하며 첫아이를 출산했는데 당시 남편이 ROTC 임관해서 5년 복무하고 퇴직해서 와 있을 때라 함께 있을 수 있어 다행이었어. 둘째는 북원여중에 근무할 때 출산했고 공무원법이 생겼을 때라 두 달의 휴가를 가졌어. 겉으로 볼 때 내가 체구도 작고 연약할 거 같지만 생각보다 학교 환경에 잘 적응하면서 살았던 거 같아. (웃음)

학교 일로 바빴던 선생님 엄마

아들들에게는 어떤 엄마였던 거 같아요? 국어는 수업 시수도 많은 과목이라 평상시에는 학교 일로 많이 바쁘셨겠죠.

늘 바쁘고 아이들 키우면서 자상한 엄마는 아니었어. 교직 생활을 하면서 집안사정을 내세우는 게 싫어서 우리 아

이들은 늘 일찍 자고 일찍 일어나야 했지. (웃음) 아들들도 엄마 아빠가 모두 선생님이니 그 생활에 맞춰 살았지. 방학 때는 시간이 나니 아이들과 많이 다녔고 아빠가 체육 선생님이니 아들들과 잘 놀아줬어. 우리 생활이 그러니 형진이, 형우는 자립심으로 큰 거야. 경제적으로 넉넉한 건 아니었지만 재산을 모으기보다는 우리의 수입 안에서 아이들이 배우고 싶다는 것, 해주고 싶은 걸 가능한 다 해주려 했어. 아들들 모두 자기 수준을 잘 알아서 넘치는 건 요구하지 않았고, 잘 커줘서 고맙지.

둘째를 출산하고부터 친정어머니와 함께 사셨는데 어떠셨어요? 고향인 춘천으로 이사 가고 싶던 적은 없으셨나요?

엄마가 있어서 내가 학교를 더 잘 다닐 수 있었지. 우리 엄마는 참 훌륭하고 대단한 엄마였어. 나와 같이 살면서 내가 마음에 들지 않은 적도 많았을 텐데 내색 안 하셨고, 늘 부지런하시고 깔끔하셨지. 춘천에는 친척들 등 아는 사람이 많아서 떠나고 싶었어. 83년도부터 발령으로 원주 살게 되면서 지금까지 거주 중인데 굳이 춘천으로 가고 싶지 않았어.

정년을 다 채우지 않고 퇴직하셨는데 그 이유는 무엇이었어요?

퇴직에 대해선 내가 정말 관두고 싶을 때 얘기하려고 몸이 아파도 일절 말 안 하며 다녔는데 어느 순간 학교가 싫고 말하지 않아도 좋지 않은 것들이 눈에 다 보이더라고. 그래서 교감이 되지 않고 그만두었지. 당시 다닐 때는 연금이 좋은지 몰랐는데 교사 연금 제도가 좋다 해서 계속 학교를 다니지 않아도 되겠다고 생각했고.

30년을 교단에 서면서 여러 일들도 많으셨을 텐데 돌아보니 어떠세요?

어떤 사람은 뒤로 넘어져도 코가 깨진다고도 하는데 나는 그런대로 평탄하면서 주변 사람의 도움도 많이 받았고 내가 넘을 수 있는 선에서 살았던 거 같아. 직업이 있다는 것이 삶에 많은 두려움을 없애줬던 거 같고. 많은 돈을 벌지 않더라도 내가 건강하고 아프지 않으면 먹고산다는 생각이 늘 있었거든.

퇴직 후의 삶, 그리고 요즘 엄마들에게

퇴직 후에 혼자만의 자유를 누리시고자 했을 텐데 남편이 아프셨어요. 그때 많이 힘드셨겠어요.

퇴직하고 즐겁게 성당 다닐 생각이었는데 남편이 위암에 걸려 놀랐지. 1기에서 2기 사이라고 했는데 그 얘길 처음 들었을 때 그래도 조기에 발견해서 다행이라는 생각이 들었어. 그리고 큰 병원에 가서 수술해서 나을 걸 생각해서 서울아산병원으로 결단해서 갔지. 참을성이 많은 남편이어서 의사 말을 열심히 잘 따르며 5년간 치료에 전념해서 완치 받고 잘 이겨냈지. 암 발병하고 담배도 끊고 밥도 규칙적으로 먹으면서 이전보다 더 건강관리를 하니 다행이기도 해.

2014년과 2019년에는 아들들을 장가보내셨는데 시어머니
로서 며느리에 대해 바랐던 건 없으셨나요?

　　　아들들이 좋아서 배우자로 선택한 거니 그 자체만으로 된
　　　거지. 자기가 좋다는데 내가 이러쿵저러쿵 따지고 싶지 않
　　　았고 그래봤자 사이만 나빠진다고 생각했어. 잔소리하는
　　　건 본래 내 스타일이 아니기도 하고. (웃음)

지금은 할머니가 되셨는데 자녀와 손주를 바라보는 관점이
아무래도 다른 부분이 있겠죠? 할머니가 되니 어때요?

　　　할머니 되게 해줘서 고맙지. (웃음) 환갑에 딱 받은 선물
　　　같았어. 자녀를 키울 때는 내가 너무 바빴고 생활을 해야

하니까 돌봐줄 시간이 늘 부족했지. 그러면서 세월이 빠르게 흘렀는데 손자는 내가 여유가 있으니 가끔 봐주기도 하고 꼬물꼬물 되는 게 참 귀엽고 좋아.

어머니께서 앞으로 살고 싶은 모습은 어떤 모습인가요?

건강관리를 잘해서 자식들에게 폐가 안 됐으면 좋겠고, 늙는 건 막을 수가 없지만 요즘 기억력이 떨어져서 겁이 날 때가 있는데 되도록 치매 없이 죽기 전까지 독립적으로 살 수 있는 사람으로 살고 싶어. 그렇게 사는 게 나의 희망이야.

그렇게 사실 거예요. 결혼, 임신, 출산, 돌봄의 영역을 모두 경험해본 선배 여성으로서 요즘 엄마들에게 허주고 싶은 말은 무엇인가요?

살면서 생각지도 않은 일이 벌어지는 것은 사람의 손으로 할 수 없지만 어려움이 닥쳤을 때 그 자체에 매몰되기보다는 그것을 해결할 방법을 최대한으로 찾는 데 에너지를 쏟았으면 좋겠어. 주어진 환경에서 최선의 방법을 빨리 찾는 게 슬기로운 삶의 자세인 것 같아. 내가 겪어보니 그랬고, 나에게 떨어진 문제는 내가 해결해야 한다는 생각으로 자신에게 맞는 방법을 강구하는 게 좋지 않을까 싶어. 자식 문제에 있어서는 내가 어디까지 감당하고 도와줄 수 있을지 생각하며 기다리는 자세가 필요할 것 같아.

에필로그

30대 아빠로서 《엄마의 브랜드》 1권을 만든 소감은?

나와 동갑인 남편은 대학에서 시각디자인을 전공하고 11년째 영상 편집디자이너로 커리어를 쌓고 있다. 그의 오랜 취미가 사진 찍기라 연애 때부터 혹 우리가 결혼하게 되면 나중에 함께 콘텐츠를 만드는 일을 하면 좋겠다고 생각했었다. 시간이 흘러 우리는 부부이자 한 아이의 부모가 되었고, 그와 만난 지 10년 만에 부부의 공동 작업 콘텐츠로 시리즈 기획 인터뷰집 《엄마의 브랜드 vol.1》를 펴내게 되었다. 강원도 원주에서 거주하는 30대 아빠로서 《엄마의 브랜드 vol.1》를 함께 만든 소감은 어떤지 물어보았다. 그리고 자연스레 부부의 대화는 일과 육아를 양립하는 현재에 대한 생각으로도 이어졌다. 식사 중 그와 나눈 대화의 일부를 공개한다.

진아 처음으로 같이 책 만들게 됐는데 긴 여정이었네. 인터뷰 현장 같이 다니면서 어땠어?

형우 힘든 와중에 인터뷰도 나가야 해서 힘들었어. (웃음) 회사에서도 비슷한 일을 하고 있으니 하던 일을 한 느낌이었는데, 물론 긴장은 확실히 더 됐지. 네 첫 책이니까 잘 나와야 할 텐데 하는 긴장이 많이 있었지.

진아 책 작업하는 동안에 나 무릎 수술도 하게 돼서 책 작업도 더 늦어지니 긴장의 연속이긴 했겠다.

형우 그렇지. 계속 계획도 틀어지고 네 컨디션도 안 올라오니까 걱정이 엄청 됐지.

진아 인터뷰이들의 이야기를 간접적으로나마 들으면서 인상 깊었던 거나 느낀 점은 뭐야?

형우 모두가 대단하다는 생각이 들었어. 특히 빨간지붕의 경우 아이들도 있는데 생업을 포기하고 시골로 온 거잖아. 맨땅에 헤딩한다는 게 어려운 건데 과감히 그런 선택을 한 게 신기하고 대단하다는 생각이 들었어.

진아 맞아. 모두가 대단하고 멋진 사람들이란 걸 나도 인터뷰하면서 더 느꼈어. 각자의 일에 대한 열정과 엄마로서 삶에 대한 애착도 강했고. 너는 작년부터 재택근무 체제로 돌입하면서 집안일이나 육아도 더 많이 하게 됐는데 그것에 대해서 어떻게 생각해? 덕분에 나는 내 건강을 회복하고 내 일을 하는 데 도움을 받았지만….

형우 좋은 기회가 따랐다고 생각해. 회사가 재택근무를 수용하지 않았다면 나는 계속 원주에서 춘천까지 출근했을 테고 네가 더 고생하고 있었겠지.

진아 맞아. 팬데믹 이후에 재택근무에 대한 긍정적 평가도 있었을 거고 네 직종이 영상편집 일이니까 집에서 하는 것에 무리가 없기도 하지. 일하는 아빠로서 회사 출근과 재택근무에 대한 장단점은 뭐라고 생각해?

형우 재택근무의 장점은 시간을 내가 유연하게 쓸 수 있다는 것과 내 영상 편집 일만 집중하면 되니 효율적이고 좋지. 그리고 현재 네 몸이 안 좋은데 내가 재택하면서 너랑 지빈이를 좀 케어할 수 있는 게 가장 이득이지. 출퇴근할 때 장점은 회사 일과 집안일이 분리된다는 것.

진아 명확하네. (웃음) 내가 작년에 아프면서 수술하고 한 달간 요양 갔을 때는 네가 온전히 혼자 지빈이 육아를 감당했잖아. 내가 엄마로서 했던 역할을 해보면서 어땠어?

형우 수술하고 한 달 요양 갔을 때는 체력적으로 조금 힘든 거 말고는 딱히 어렵지 않았거든? 지빈이도 어느 정도 컸으니까. 그때는 네 수술이 잘되고 회복하면 일상도 괜찮아지겠지 하면서 1년 정도는 내가 좀 이 악 물고 네가 했던 역할을 감당하면 되겠지 했는데 또 무릎 수술도 하게 되고 컨디션도 들쭉날쭉하니까 지금이 제일 힘들지. (웃음) 힘든 게 누적되고 확연히 나아질 기미도 안 보이니까.

진아   왜 나아질 기미가 안 보여. 그래도 나는 점점 괜찮아지고 좋아지고 있다고 생각하는데. (웃음)

형우   아, 그건 있다. 가만히 요즘의 널 보면 지금 이 구조(?)에 대해 많이 편해졌다는 걸 가끔 봐. (웃음) 예를 들면 밥 먹고 바로 방에 들어가서 눕는데 피곤해서 뻗는 게 아니라 혼자 뭘 본다든지 하더라. 그러는 걸 보면서 아 내가 집안일 하는 게 너도 많이 편해졌구나 했지.

진아   그게 다 내가 에너지를 아끼고 컨디션을 조절하는 거야. (웃음) 아무튼 내 건강은 회복 중이니 더 좋아질 거고, 그러면 생각의뜰채 일도 늘려갈 텐데 너는 내년에도 이 트랙으로 갈 예정이야?

형우   사실 그때가 기로가 될 거 같아. 계속 재택근무 포지션으로 일해야 할지, 주 2-3일은 출근을 해야 할지 잘 모르겠는데 나 혼자 결정할 부분은 아니니까. 일단은 지금 하는 일을 열심히 해야지.

모든 인간이 태어나 처음 만나는 존재인 '엄마'. 내가 서른여덟 해를 살며 만난 엄마들은 모두 고귀한 사람이었다. 어떤 엄마는 언제 봐도 예뻤고, 어떤 엄마는 언제 봐도 멋있었다. 가끔 뉴스나 인터넷에서 '어떻게 엄마가 저러지?' 하는 사람도 보았으나 일상에서 내가 만난 엄마들은 모두 아름다운 사람이었다.

엄마의 도움으로 자라 독립해 가정을 꾸리고 내 아이의 엄마가 된 지금, 나에게는 엄마들의 서사가 호기심의 영역이다. 그래서 첫 번째 시리즈 기획 인터뷰집으로 나와 같은 지역에 사는 또래 엄마들과 나의 엄마들을 만난 것이리라.

작년 12월에 첫 인터뷰를 시작해 꼬박 1년이 걸려 첫 시리즈 인터뷰집을 출간하게 되었다. 예상과 다르게 책 작업에 제동이 걸렸고 갑작스러운 부상으로 무릎 수술도 하게 되었다. 그러는 동안 일하는 나와 엄마인 나 사이에서 갈팡질팡 힘겹고 고단한 날들을 보내기도 했다. 마음과 달리 몸이 따라주지 않아 자신을 원망했던 날들도 많지만, 최선을 다했고 오래 걸렸지만, 첫 책을 출간하게 돼 그저 다행인 마음이다. 나를 묵묵히 기다려주고 격려해준 많은 분들에게 진심으로 감사의 마음을 전한다.

인터뷰집에 담지 못했지만 원주에는 이들 말고도 자신만의 브랜드를 운영하며 아이를 기르는 엄마들이 많다. 브랜드를 운영하는 엄마들에게 일과 육아는 둘 다 중요하고 소중하다. 그렇기에 더 노력하고 분투하며 산다. 그 두 가지는 엄마인 나와 일하는 나를 끊임없이 줄타기하며 울퉁불퉁하게 하지만 나는 그것이 성장과 행복을 맛보게 하는 인생 곡선이라 생각한다.

그래서 앞으로도 계속 엄마들을 만나 질문하고 그들의 고유한 이야기를 기록하고 싶다. 세대, 지역, 상황을 한계 짓지 않고 가능한 많이, 가능한 멀리 엄마들을 만나는 여정을 떠나고 싶다. 평범한 모습이지만 비범한 씨앗을 가진 엄마들의 일과 육아, 삶의 이야기가 많은 사람들에게 공감과 귀감이 되길 소망하며….

텀블벅 후원자 명단

- Special thanks to -

텀블벅 펀딩에 참여해주신 후원자님들께 특별히 감사를 전합니다.
(후원자명은 가나다순으로 기재했습니다.)

likefurtree roussa WANDERLUST 강세린 강수진
고마워서그래 고은규 권정아 김수미 김우정 김유미
김은화 김진희 노니 노은정(아침) 동행교회(이성훈목사)
동훈서점 딜리아강혜숙 란 명세원 몽상가엘 문은상
문희정 바이준베이스 박근영 박병호 박소라 박정민
박정아 박진선 박진아 박해명 박혜강 백구부부 소네
신민성 신은정 심예희 아무개즈 아종링가 안형우 엄지윤
에스까페아르 오태구 유이유건이엄마혜진 이미현 이보람
이수인 이수정 이숙정 이슬기 이재윤 장정남 전혜정
정민주 정소령 정유미 정윤희 정지음 정현구 제제
차나영 차정윤 창고살롱 최미정 최혜진 파주책방김엘리
평범한기적 피재은 한결 한지원 홍밀밀 홍종희

엄마의 브랜드 vol.1

ⓒ 권진아 2022

초판 1쇄 발행	2022년 12월 27일
글	권진아
사진	안형우
편집	권진아
펴낸곳	생각의뜰채
등록	2021년 10월 1일 제419-2021-000030호
주소	강원도 원주시 백간길 53 3-404
전자우편	think-catch@naver.com
인스타그램	@gangwon_soozip
ISBN	979-11-981169-1-8 03040